Jean-Louis Kuffer

La Maison dans l'arbre

La Maison dans l'arbre

En mémoire de ma bonne amie

et pour Bona Mangangu

La Chambre de l'enfant

«*Qu'importe ma vie !*

Je veux seulement qu'elle reste jusqu'à bout

fidèle à l'enfant que je fus». *(Bernanos)*

Ce qui de l'enfant parle

On tourne autour de l'animal,
et cela sans mystère :
tout de la nature me parle
sans un mot prononcé...

La musique, la poésie,
la pensée incarnée,
campent aux quatre vents
de la terre et des feux
des sourciers inspirés...

Au bord du sommeil de l'enfant
j'écris ce que je sais
mais le poème seul,
et le rêve muet,
diront ce que j'ignore...

En attendant l'éveil

On voit de beaux enfants partout
regarder en silence on ne sait quoi,
on ne sait où, en immobile transe…

Nul ne sait ce qui vous angoisse,
petits rêveurs coiffés
à la candeur où l'ombre trace
un signe indéchiffré…

Je vois en moi passer les heures,
dit l'un d'eux au miroir qui le regarde,
un peu moqueur, souriant dans le noir…

Les enfants savent bien des choses
qui n'ont point de reflets
dans la cour où poussent les roses
cernées de barbelés…

Je vois en vous la beauté grave,
et la joie sans pareille,
et cette innocence qui brave
le déni des merveilles…

Voleurs de feu

Les garçons partent le matin
sur le sentier guerrier,
très élastiques et très mutins,
en Indiens déclarés…

La sente serpente entre les blocs
et les vagues terrains
conduisant droit à l'équivoque
des fourrés incertains…

Mais eux sont très durs et très purs,
coupant par les taillis,
loin de la Cité en ses murs
et ses pensers rassis…

L'élan les porte sans faillir
sous les hautes fougères
à surveiller puis à jaillir
à l'orée des mystères…

Ils sont nus parmi les oiseaux,
ils font corps avec l'air;
le feu les fait paraître beaux
en leur éclair de chair…

Toupie de Chine ancienne

Le Temps est un enfant, là-bas,
devant son tas de sable,
que la mer en son doux fracas
pas un instant n'accable…

Le Temps ne joue pas à passer
ni jamais ne se lasse
de voir le sable s'écouler
sans laisser nulle trace…

Le Temps vous attend quelque part
sans que vous sachiez l'heure,
vous souriant avec son art
d'éluder la douleur…

D'ailleurs Le Temps n'aime point trop
qu'on fasse tout un drame
du moment où, tout à vau-l'eau,
le vieil enfant rend l'âme…

Le Temps est un arbre là-bas
sous lequel l'enfant joue
sans ressentir rien du tracas
qui dans l'ombre se noue…

Dans le temps, l'enfant aimait bien

le vieux grabataire
qui lui filait un peu d'argent
dont il n'avait que faire…

Le Temps est un château de cartes
dont l'enfant tout distrait
ne saura jamais, où qu'il parte,
que son sort est joué…

Et si le Temps n'existait pas ?
persifle le vieux sage
à barbiche d'enfant chinois
remuant son potage...

Réfugiés

Les enfants des années cinquante
étaient en laine grise,
l'air soumis, et comme en attente,
seuls avec leurs valises...

De grands yeux suppliaient les riches
de les voir dans le noir,
de très grands yeux de maigres biches
le long des long couloirs...

Nous les regardions arriver
sans trop savoir quoi dire ;
ils parlaient d'ailleurs l'étranger
sans le moindre sourire...

Ce sont les enfants d'un hiver
qui me fait toujours froid,
et tous leurs yeux, toujours ouverts,
nous scrutent de là-bas...

L'innocent

Tout nous appartient-il vraiment ?
À qui est donc ce corps ?
Qui a pesé l'étonnement ?
Quel silence est-il d'or ?

L'enfant ne voit pas les questions :
il n'entend que les voix
dans la patience sans raison
de ce qu'il ne sait pas...

Ou ce que l'enfant sait est autre
qui fait de lui un prince
ou tel demi-dieu sans apôtre
d'on ne sait quelle province...

Là-bas règne la précision
de l'animal parfait
et de la fleur, ce pur blason
qu'on ne cueille jamais...

Tu ne sais ce qui t'a élu :
le sacré est en toi,
et les mots peut-être advenus
ne te trahiront pas...

Tu es nu sous tes vêtements
de jour comme de nuit,
et ton voyage dans le temps
sera ton seul ami.

L'enfant bleu

Ce n'est pas tous les jours dimanche,
dit-il à l'enfant bleu
qui l'écoute dans le silence
hagard, après le feu...

L'eau du puits est empoisonnée,
dit-on à la télé
d'un air profondément navré;
puis on parle du temps
qu'il va faire ce dimanche-là
sous le ciel radieux
de la publicité captieuse -
et l'enfant bleu se tait...

Devant l'enfant qui dort

(Pour Timothy)

Elle a la tête à la renverse,
la Terre vue des étoiles;
on dirait un enfant qu'on berce
dans le nébuleux des voiles
d'un beau navire entre les lunes,
et le ciel a un goût de prune:
l'enfant le reconnaît -
cela lui rappelle le lait
qu'il boit les yeux fermés
quand la nuit devient une roue,
là-haut au ciel très doux
où tournoie le blanc des nacelles...

L'enfant sait déjà bien des choses
à son premier sommeil
où Petite et Grande Ourse veillent
tandis que tout repose.

Coulant de source

Ma première liberté prise
à l'insu de tous,
même de l'unique camarade
de ruisseau du moment,
relie toujours
une source jamais vue
et le lac où tous plongeaient,
corps adorables
de l'idéale fantasmagorie
à jamais sans âge...

Mais déjà j'étais l'enfant trop conscient,
l'adolescent des rêveries en lisière,
le compagnon errant des rivages...
Déjà!
Cela fait maintenant le temps
d'une vie.
À travers la nuit blanche
passe un avion silencieux...

Élégie aux yeux clos

La maison hantée était là,
sur la hauteur boisée,
la bouche ouverte et dans le froid,
les yeux cernés, crevés...

L'ordre qu'on nous avait donné
de ne s'y risquer pas
nous brûlait de curiosités,
tentés d'être tentés...

Il y avait du mystère là-haut,
au bord du ciel;
une voix tout en lamento
Affleurait le sommeil
des petits dormeurs effrayés,
d'autant plus attirés
qu'un Manteau y apparaissait
sans tête et sans repos -
et c'était si doux de trembler
de nos blancs osselets...

Tremblant encore les yeux fermés,
la mémoire en éveil,
je la revois en mon sommeil,
souriant vaguement
au ciel désormais bétonné,
sans âme, ou peu s'en faut
dans ce rêve au doux adagio...

Encres et fumées

Le petit ouvrier des lettres
se lève tôt matin,
et tout de suite au clavecin
se la joue Grand Prêtre...

La plus haute solennité
est en effet requise
de qui veut tirer du saké
de la grise banquise...

Il y faut tout un fourniment
et tout un outillage
de tours et de trucs d'artisans
utiles au beau ramage...

Il y faut l'encre et le pinceau,
Les Japonais le savent,
et les Chinois au jeu de Go
opinent en vieux sages...

L'encre est en somme la mer
aux cheveux bleus et verts,
plus vieille que le vieil Homère,
plus légère que l'air...

Quant au pinceau c'est un stylo
aux mains de l'écolier,
ou à celles de la dactylo,
le studieux clavier...

Le pinceau vert dans l'encre bleue
du plus infime des lettrés
tire d'un cendrier
cette voûte tout étoilée
où vont fumant les dieux...

Révérence au Grand Manou

(Pour Anthony)

Voici venir le Grand Manou
sur son bel éléphant,
le pachyderme aux yeux très doux,
sage comme un enfant...

Il a l'air d'un Maharadjah,
au fringant uniforme,
tout fleuri de beaux falbalas
sous son crâne haut-de-forme...

Son ministre en bicorne blanc
tenant haut l'éventail
l'escorte pour son agrément :
c'est son job, son travail...

Car il fait chaud chez les Indiens:
c'est marqué dans les livres,
et quand le peuple indien se plaint,
suppliant qu'on délivre
les vents attachés aux nuées,
le Grand Manou l'entend,
et l'éléphant de ses deux ailes,
ventile les innocents...

En lisant le Marabata,
le Grand Manou s'inspire

des anciens avis avisés,
et l'Alizé respire,
et les Indiens tout requinqués
retrouvent le sourire...

Le Grand Manou en sa splendeur
est resté le très humble
et très fidèle serviteur
de celui qui a façonné
dans l'atelier dormant,
en fine pâte à modeler,
sans brevet déposé,
les éléphants et les enfants...

Les anges veillent

Bas les pattes ! s'exclame l'enfant:
tu ne m'englueras pas
dans ta bave et tes influences;
d'un saut je me dérobe
à ton bravo de prédateur:
la danse est ma hauteur...

Tombera le masqué
séducteur combien souriant …

et les nuages tout là-haut
passant et repassant,
les chastes nébuleux globules
du sang bleu des seigneurs,
sont mes veilleurs armés...

Tout se transforme à vue:
la joie m'est fortin de douceur…

Patience du jeu

Quand le temps est fini,
nous continuons de veiller;
les objets restés seuls
se sentent un peu à l'abandon,
mais qui peut en parler ?

Nul ne l'a appris à l'enfant :
nul ne sait ce que dit
la chaise à la lampe allumée,
dans la pièce d'en haut,
où le silence paraît régner...

L'enfant seul contredit
ce que tous ont l'air de penser:
tous enterrés vivants,
tous satisfaits d'on ne sait quoi,
tous repus de néant,
- aveuglés de leurs seuls regards...

L'enfant seul fait tourner la table
tandis que nous veillons...

Élégie de l'enfant sage

Quand je serai mouru,
disait l'enfant à ses deux mères:
je serai militaire...

Je rêve assez d'être méchant,
disait l'enfant paisible,
et lancer d'atomiques bombes
sur de vivantes cibles
me plaira beaucoup dans la tombe...

Si j'étais moi je ne vivrais
que pour l'amour du mal,
et je ferais au lazaret crever tous mes chevals...

Je n'aurai donc été vivant,
disait l'enfant mouru que pour obéir aux géants
qui ne m'ont jamais cru...

Crois-donc en moi dit le nuage
à l'enfant qui repose,
et je ferai de toi le sage ami de toute chose...

Nos cœurs éperdus et muets

Et quand la nuit tombait
sur le quartier de nos enfances,
les filles qui murmuraient,
mêlant secrets et confidences
à l'écart des garçons
dont le poil se faisait plus dur -
les filles tenaient les clefs
de nos cœurs immatures...

La nuit confond tous les visages
dans sa lumière noire
où se sont perdues tant d'images,
dont s'effacent les moires...

Mais que sont-ils donc devenus,
les filles et les garçons
du temps de nos adolescences,
tout aux palpitations
de leurs cœurs éperdus
en muettes et vaines romances ?

Nous jouons à la canasta
en parlant à voix lasses
du quartier dont on ne sait pas
ce qui ces jours s'y passe...

Ainsi sommes-nous devenus
doux oiseaux de jeunesse
aux ailes d'anges un peu percluses,

aux yeux qui se lèvent
à la vue qui baisse,
des cœurs éperdus de tendresse …

Obscure clarté

Mon ombre fait comme un nuage
ce clair matin d'été
où, dans le bois secret
de mon cœur, le très doux mirage
de nos jeunes années
me rappelle tant de lumière
au milieu des orages...

Mon ombre est claire de te savoir
dans la clairière sans âge…

Fantaisie du bel été

Mon manège est un galopant,
mais il aime aussi la lenteur,
les antilopes et les cravates,
et la couleur de l'héliotrope...

Avant de lire je chevauchais
les tigres de l'épidiascope,
et le rire inquiet des muets
m'a fait danser le menuet...

A dix ans l'âge de raison
m'a vu philosopher tout bas,
avant d'emboucher le tuba
des marines explorations...

Ah que le monde est bas !
Ah que le monde est haut !
Ah comme il était beau,
le son du pianola !

Facétie

Je ne suis rien qu'un cancre las,
fatigué de la vie,
mais j'aime assez le chocolat
et tes douces lubies...

Le bleu me sied dans l'hélico
dont les pâles remuent
tout là-haut sous ton chapiteau
d'acrobate menue...

Le temps de passer par ici,
devenu ta saison;
et ta grâce sans vains chichis,
ta peau douce au vison
m'ont donné le goût d'être là...

Déraison

Rien ne t'oblige à rien du tout:
tu as le choix des armes,
mais si tu en crois les frelons,
les larmes couleront
de ce rien qui te rendra fou...

Ta vocation est au trépas,
te murmurent les loups:
tous y sont disposés,
mais si tu en crois les canons,
nul ne revient du front
de ce néant qui les rend fous...

Rien non plus ne t'oblige à tout:
tu a le choix des larmes,
et si tu en crois les melons,
les armes se tairont
quand parlera le dieu tatou...

Question

Le poème est en question:
telle est la question du poème...
L'enfant perdu dans le métro,
fugace apparition,
ne sait pas qu'il est là chez lui;
mais l'exploration,
les rames et leur tonnerre,
la divine terreur,
le lointain tagadam d'un cœur
au fond des bois, loin de leurs croix
sous le ciel noir
lui feront déclarer,
sans une ombre de peur,
que le poème est retrouvé...

Ah oui, cela encore:
que le poème sait par cœur
tout ce qu'il a chanté...

Réminiscence

Je me souviens d'avant la vie:
ce grand lac indolent;
comme tout était tranquille alors
parmi les ombres bleues...

On n'entendait que des rumeurs
de ce qui n'était pas
ou peut-être à venir -
c'était en somme égal...

Mais à venir c'est la prunelle
qui verse alors soudain
son poison lucide en nous tous;
on n'est plus seul hélas,
on n'est plus à se prélasser
dans le doux incertain
de la songeuse éternité...

Dérogations

J'aime beaucoup ton mauvais goût:
ta façon tout à toi
de ne pas aimer l'opéra,
ton penchant forestier,
ta façon de rire aux éclats
en pleine réunion
d'éminents dévots cultivés,
ta façon naturelle
de visiter le Vatican
au dam des faux rebelles;
ton rejet de Satan
dont le bon goût et les sourires
t'ont toujours rebutée ;
ta grâce aux capricieux desseins,
ta façon tout à toi
de ne pas faire de cinéma,
ton enfance restée:
ce qu'ils n'ont pas pu te voler...

Tu as choisi d'aller
au bal masqué des rétameurs
en voilette de mariée;
et moi tu me connais:
j'y serai donc en footballeur...

Souvenirs à venir

(*Pour Anthony et Timothy*)

Les jeux d'enfants abandonnés
sous la neige d'antan
vous attendaient en matinée
dans le jardin du temps,
pauvres objets tout décatis
aux coloris pâlis
qui jamais n'auront oublié
vos petites mains accrochées
à la rampe de la fusée...

Vous restez un peu interdits
à cette apparition
dans la brume du matin gris
de l'impassible paon
ouvrant tout grand son éventail
aux ocelles de vitrail
reflétant d'autres vies...

Plus tard vous vous rappellerez
l'éveil de ce jour-là,
et cette première vision
de la neige inconnue
sur vos jouets éparpillés;
mais plus tard vous souviendrez-vous
de l'oiseau retrouvé ?

La Chambre de l'enfant

Par la fenêtre de derrière,
on va vers les forêts,
les fourrés et les fondrières,
le nord et les glaciers,
les jours passés et leurs clairières…

On remonte le long du ruisseau,
avec les Indiens bleus,
les camarades saligauds,
les cavaliers de feu,
fringants et fumants aux naseaux...

C'est le chemin de Barbarie,
le tout premier complot,
l'école de la contrevie,
sans rimes ni sabots -
les pieds nus foulant les orties...

À l'opposé s'en vont les pères,
tôt descendus en ville,
tout à côté des cimetières
et d'autres lieux utiles
érigés au-dessus des carrières…

Quant aux mères elles sont au milieu

du monde et ses fourneaux,
à faire du neuf avec du vieux,

sans abuser des mots -
humblement confiantes en leur dieu...

La chambre est tout juste au-dessus
des cheminées urbaines
et l'enfant seul a vue
sur le dos des sirènes,
là-bas au fond des rues
de la vie et des peines...

La chance toujours lui sourit,
lui qui est né coiffé
après tant de furieux conflits,
et ce qu'il en voit le ravit :
ce qui est est parfait.

Prière matinale

Je m'en irais avant le chien :
ce serait mon souhait
ce matin d'idéal janvier,
méditant tout serein
au fil léger de mes pensées ;
je me retirerais
de votre vie à tous en douce :
je ne voudrais pas déranger,
et l'idée de vous enterrer
me pèse trop au cœur ;
or si nul jamais ne sait l'heure
qu'elle me vienne plutôt
comme un adieu modeste
pendant que vous feriez la sieste
avec le chien dans le jardin...

Par les airs

Les héritiers des musiciens
macèrent et relancent
les regrets et les longs silences
de leurs pensers mesquins...

Que là-bas une mélodie
survive à leur envie,
venue d'on ne sait quel ciel
sur la vague du temps
les contrarie -
pourquoi pas moi le doux Ariel ?

Ce qu'ils désirent sans aimer les désole;
que leurs aïeux frivoles
continuent de chantonner
sous les herbes folles
les ébranlerait
s'ils n'étaient alignés
comme les cierges dédiés aux idoles...

Qu'il puisse subsister une aura
dans les airs appareillés
De leurs nouveaux contrats
leur oppose un défi
dont le merle fait fi...

Et là-bas rebondit, joyeuse,
l'alouette soyeuse...

Rebond de la prairie
(*Comme un salut matinal*)

L'indien me rejoint dans l'horloge:
le vivant pendulaire
aux intuitions de brousse
a encore des choses à me dire
en intenses secousses...

Une boussole nous manquait
à tous deux ce matin
d'aube neuve au lancer du chemin...

Je le vois revenant d'Afrique,
mon Sénégalais à sagaies de sagesse,
aux yeux tendres de Népalais,
aux manières exquises
d'Inuit stylé sur sa banquise...

Je l'attendais sur ma poutrelle,
là-haut d'où je vous vois tous
à toutes vos affaires,
en sensibles ribambelles
Vues de la stratosphère,
tellement émouvants, mes vivants,
à piétiner les serres
où songent les dormants...

Je savais qu'il me viendrait
ce matin d'hiver où tout semble exclu,

mais l'horloge attendait
ce retour de rivière…

Et le voici que je salue...

Paroles dites aux petits et vieux enfants

Nul autre écrit ne saurait dire
comme en mon corps inscrit
dans la lente ronde des lunes
le récit parlé que chacune
et chacun les yeux fermés
reprenait en murmure
chanté depuis la nuit des temps...

C'est comme le pan sans coutures
d'un tissu de vent
déroulé dans l'épure
du présent continu
où tout se brasse d'arrière
revenu vers l'avant,
reculant pour avancer -
mais quelle image saurait mieux dire
que les yeux fermés ?

L'Entête parle-t-elle depuis toujours
et peut-être à jamais ?
Nul ne le sait mieux, là encore,
que les yeux du corps nombreux...

La parole de tous les corps
étoilés en cantique
nous aspire en expirant ailleurs,
et tout ce qui meurt dévoile
et se replie en voile
sur les demeures où songent
les vieux enfants aux yeux fermés...

De si belles allées

« On n'est pas sérieux, quand on a dix-sept ans. »
(Arthur Rimbaud)

La vie et toutes ces années
ne pèsent pas bien lourd
sous le ciel aux longues marées
où décline le jour…

Le bois mystérieux sur la mer
où nous restions cachés
au temps de jadis et naguère
reste notre secret
qu'aux seuls enfants de dix-sept ans
sous le vert des tilleuls
nous allons confier
contre temps et menées...

Beaux jours aux choses d'ici-bas,
belles et bonne pensées
aux cœurs tendres et délicats -
bon vent à vos années !

Palais de l'éveil

Les grands jardins sont amarrés
aux piliers du sommeil
au fond duquel une ruelle
conduit à nos palais...

Nous restons toujours éveillés
le long des longues trêves,
dormant debout sans vaciller
tout au travail du rêve...

Les marins peignent des marines,
les couturières en blouses
cousent en disant des prières,
et les serins serinent
des airs qu'en dormant on devine...

La rêverie en vos palais,
ce luxe japonais,
ce retour aux vertes enfances,
puissent garder vos innocences...

À la corne du bois

La fenêtre donnant au Sud
n'oublie pas la forêt,
les glaciers et les fjords,
et les chemins menant au port
se rappellent les interludes
des soirées à veiller
sous la lampe des solitudes
où notre enfance s'abandonnait
aux enivrantes terreurs
de toujours et d'ailleurs,
bientôt dissipées à l'Orient
par la lanterne
qui s'éteint
à l'instar du western…

Nous sommes là, trônant
dans cette clairière
au milieu des espaces et du Temps -
émus et souriants...

Ariel

Il a été et il sera:
il est tout à la fois,
courant d'air frais et feu follet,
songeur ou causeur,
traînant dans les bars enfumés
ou jonglant à l'orient
des matinées ensoleillées,
imprévisible et constant
dans les ondées et les remous;
en somme sage et fou, surtout :
amoureux d'un peu tout,
et promenant son ombre claire
dans les allées du Temps...

Ce qu'il ignore de source sûre
il le devinera
à la longue en ses rêveries
d'enfant jamais guéri
d'être déçu sans le savoir -
ou sans se sentir exilé
d'être partout de nulle part...

Il sourit à la vie comme elle est,
à son poids si léger,
à sa peine infinie et brève,
à ce qui vous brise, vous crève,

au regard creux et perdu
de l'avidité livide -
il sourit au regard si pur
qui voit ce qui est en ce lieu où il est à l'instant:
ce lieu de rien, ce lieu de tout...

La ville la nuit

(*en manière noire*)

La ville est un prince endormi
quand les enfants reposent,
rêvant sans le savoir de choses
que leur confie la nuit...

L'ivoire des enfants endormis
luit au ciel de la ville
où semblent bientôt apaisés
les pensers intranquilles...

Le clair et l'obscur confondus
dans le ciel éveillé
des rêves des enfants perdus
se mêlent à jamais...

Insoucieuse nudité

Les maisons, là-bas, resteront
quand vous aurez passé,
disaient-ils de ce ton compassé
qu'ils espéraient vous imposer...

Tout passe, répétaient-ils,
tout a toujours passé
là-bas dans l'espace inutile...

Or là-bas les maisons juvéniles
jouaient tout le jour que Dieu fait.
Mais quelles maisons et quels dieux ?
That is la vraie Question...

Votre méchante humeur m'ennuie
Messieurs les inquisiteurs,
répond l'enfant à la curie:
ces maisons de papier mâché
valent vos belle demeures
où tout croupit en leurre,
tandis qu'aux belle illusions
nous restons attachés
par les cordes de nos violons...
Nos maisons sont des papillons
de papier coloré:
nous autres, et nos guenilles,
nous dansons nus sur nos béquilles...

Amarcord I

Il nous souvient de la Renarde,
la rousse du quartier
suscitant plus que des nasardes:
de méchantes pensées,
ou pire: des injures
de ces vertus très chiffonnées
de faire pâle figure
quand tant de garçons la suivaient,
derrière la scierie,
dans le petit bois ombrageux
dont il leur souvient bien
que mainte fois ils ont joui
à se rincer les yeux,
et fait un peu les libertins…

La Renarde savait les choses
mieux que nos écolières
et ne fleurait pas tant la rose
que la fleur étrangère,
et la citronnelle aux aisselles,
et la menthe fumée
aux lèvres mauves et rebelles...

Depuis des lustres la scierie
n'est plus hélas qu'oubli,
et le bois est tout bétonné,
où nous avons joué...

Amarcord II

Dans le petit bois aux fougères,
les garçons rien qu'entre eux
se font des choses passagères
dont ils ne parleront
que plus tard en clignant des yeux...

Or ce n'était qu'au nez levé
qu'il jouaient dans le bois,
se le tirant dans les fourrés
jusqu'au petit aboi
de la bête accédant aux cieux
par le trait malicieux
du serpent sorti de sa niche,
pour cette éternité
qu'on dit à portée des caniches...

Les filles n'aiment que les fortiches,
comme il en va des dieux,
mais les garçons à s'exercer
font ainsi de leur mieux;
et plus tard,
autant qu'à l'amour,
ils penseront toujours
à ces très doux jeux de vilains
de leurs tendres années...

Amarcord III

Les pères s'en allaient tôt matin,
mais où donc allaient -ils ?
Où, dans la nuit et le crachin,
dans le lointain et dans l'hostile ?
Dans le doux repli des maisons,
les mères sourcilleuses
tançaient doucement les garçons
et les filles moqueuses...

En hiver, l'école, la nuit,
et là-bas les bureaux,
dans les océans de l'oubli
sèment comme autant d'îlots...

Un garçon si fier

Il était parti pour la gloire:
il en avait rêvé
et ne pensait qu'à des victoires
en nouant ses lacets...

Petit, il se voyait gérant
de tous les logiciels,
arraché de tous les néants,
aimé des dieux du ciel,
adulé par toutes les mères
et jalousé souvent
par les amants de ces mégères...

Je suis unique, chantait-il
sous le soleil et sous l'averse,
et tous les dieux me bercent
comme le pharaon des îles...

Mais un tram au coin de la rue
guettait notre prodige,
sur lequel son dévolu
fut jeté, et vertige ;
ce tramway prénommé Désir,
tout ferraillant de fer
l'écrase et le broie et le tire

jusques au Cimetière...

Les garçons bien élevés

Les garçons qui font la vaisselle
n'ont plus l'air emprunté
de leurs pères aux noires aisselles,
quand ils buvaient le thé
au milieu de leurs péronnelles…

Les garçons tricotent en riant
des bonnets d'opéra,
et se coulent ainsi que des chats
dans les lits des divas
qui les cajolent en ondulant
de leur valseur valsant...

Les garçons seront désarmés
si vous les gourmandez
ou les privez de leurs jouets,
ou les montrez du nez
dans les vestiaires mal aérés...

Les garçons de ce temps voudraient
tant qu'on les courtisât
qu'ils se tendent soudain
dans leurs tenues d'équitation
aux éperons têtus,
et les voici tantôt saillant
et tantôt ferraillant,
se lançant fiers dans la bataille
des messieurs qu'on empaille...

Ce que parler veut dire

C'est en marchant là-bas,
dans le sous-bois de ces années,
que cela s'est mis à parler...

Je ne sais que te dire :
il n'y a pas d'explication;
ce n'est qu'un fait divers -
pas plus que la Beauté cela n'est défini…

Sais-tu si l'arbre s'en souvient ?
Qui parle donc en toi
quand les veilleurs ne disent mot ?
Qui êtes-vous, muets ?
Dans mon ciel de papier,
mon ciel de lit, mon lit de ciel,
je n'entends que cela...

Hugo's dream

Le dieu Totor du haut des cieux,
superbe, vaticine.
C'est le plus fringant de nos vieux
griots d'occulte mine
qui nous bombarde de ses mots,
appelant mille et moult échos,
aux douceurs d'étamine...

L'homme qui rit est un démon
au sourire angélique,
un enfant noir sous les néons
des buildings magnifiques;
un misérable très africain,
une diva qui fulmine,
un bœuf musqué dans la toundra,
un marin qui lambine
entre les ombres équivoques ;
un milliardaire américain
dont Gavroche se moque ;
un pal de cruelle mémoire,
les interrogatoires
très secrets de la Loubianka,
du sang giclant aux tabloïds,
la dégoûtante, sordide
très inhumaine humanité
que voici que voilà...

À douze ans j'avalais par cœur
tes saucisses de sang;
aux crinières de ta splendeur
je m'accrochais, enfant
piaffant d'alexandrins joyeux
dans les allées tu Temps
martelées par le grand ramdam
du langage oublié,
par toi dûment ressuscité

à renfort de tam-tam...

Maison de mots

Partout où je suis retombé,
dans mes jours vagabonds,
du ciel des mots rêvés
au quotidien banal -
de Balbec à Cabourg,
j'aurai recomposé
mon désordre vital...

Que s'agit-il de protéger ?
That is the vraie question que je me suis posée
dès mes jeunes années
de vieux sage avant l'âge...

Vous ne m'aurez jamais:
cela du moins est sûr !
Je dois avoir sept ans
en pensant aujourd'hui
que je suis un Chinois
de plus de sept cents ans
dans ma vie de trouvère;
car au vrai je me sens
pour toujours le coeur vert,
hors du temps à l'instant
de lire les noms de lieux

de partout où je suis;
et partout reconstruis,
de New York à Shanghai,
ma maison dans la faille
de ces mots que j'écris...

La foudre à la seconde
ne survit qu'en poème...

Au silence du ciel

Les larmes de ceux qui t'implorent
te font–elles exister ?
se demande l'enfant qui dort
sans rien te reprocher...

Tout le mal serait d'être né
disent parfois certains,
déçus d'avoir peut-être cru
que tu avais parlé
en ton nom jamais prononcé -
mais l'enfant n'en sait rien...

Je ne suis que reconnaissance,
répond-il au silence
de celui qu'ils vont suppliant
de se faire consolant
et dont pèse en lui la souffrance ...

Vous accueillez l'enfant vivant
sachant qu'en lui la mort sommeille,
avec la même joie parfaite
du sage inconnu en sa veille ...

Le ciel se tait pour nous parler,
et notre mélodie
seule permet de l'écouter...

Le cœur vert

Des voix se mêlent à l'orée,
la glace se dérobe
dans la nuit du temps qui vacille;

on dirait au fond de l'orbe

que des échos scintillent...

Ils invoqueront la ressource

d'avant les glaciers éperdus,

d'avant le dernier glas,

quand le temps de la force douce

n'était qu'imploration

devant l'arbre qui pousse...

Que l'enfant vous reprenne en mains,

grisailles sans coeur,
débris de résurrections,

potences et gibets -
que l'enfant vous brise en douceur ...

Couturière à l'ange gardien

(À la mère de notre père)

Le soleil dans la véranda,
éclaire ses vieille mains
à l'ouvrage repris d'hier
qu'elle reprendra
demain ou peut-être pas - qui sait ?

Elle a des cheveux blancs bleutés,
la peau de parchemin,
la voix frêle et pourtant ses mots,
accordés à ses mains,
rappellent son autorité...

Elle se résigne, au demeurant,
à n'aimer plus que les enfants;
les autres l'ennuient à la fin
sous le soleil qui va et vient
tandis que, dans la véranda,
somnole le chien Attila...

Sénèque au bain

« *Le petit chat est mort* »

(Molière)

Ils se seront tous massacrés,
et pleurent le petit chat.
Ne sachant pas ce qu'ils font là
ils ont le front buté
et refont le monde éternel
avec des mots, vieilles chandelles
entre autres oripeaux...

Ils se seront dit au parfum
des vœux immatériels;
de droit divin il n'y a qu'un
Totem au fond du ciel -
toujours ils se sont dit certains
de ce fait supposé,
et le chien pleure dans son panier…

Dans l'onde des pensées enfuies
je souris au présent,
priant les dieux de bonne vie
d'accorder aux oiseaux
le temps de se noyer -
et le poisson s'envole...

Djamal et la renarde

Aux Indes noires de nos enfances,
renards et hérissons
se tenaient à distance
comme toi dans le préau, là-bas,
tu restais à l'écart des bandes
ricanant au passage
de la renarde aux bas vert pâle
dont la mère était éprise
du même Indien Djamal…

Demeuré renard à tes heures,
de librairies en mirabelles
tu cours en tes ailleurs,
ou restant hérisson rebelle
tu te rappelles sous les buissons
les Indes rêvées de l'innocente passion…

Les bandes défaites là-bas,
ne se souviennent pas,
de leurs envieuses injures
lancées avec dédain
à la renarde aux bas vert pâle
dont la mère avec elle repose
là-bas au fond du grand jardin de pierre -
elles et le solitaire Indien Djamal...

Le rayon vert

Le silence où l'on n'entre pas
contient tout le secret
des horloges et des forêts
descendant là-bas vers la mer
d'où nous étions montés…

Mais ils ont tout endommagé:
ils se sont tout permis,
ils sont sortis de la prairie,
ils ont tout ravagé,
des anémones magnétiques
aux mémoires exténuées
par le tout numérique…

Or le silence est un repaire
où veille un génie ingénu
aux bienfaits légendaires…

Te retrouver dans le temps
(À mon double de 18 ans)

Ce sont autant de personnages,
de ces brèves figures
des âges survenus
de loin en loin dans la nature
et bientôt disparus
ou peut-être effacés, la nuit,
par l'accident qu'on sait,
ou revenus masqués
avec ces yeux qu'on sait aussi…

On sait qui était à la gare
quand il s'en est allé,
on l'a perdu de vue plus tard,
quand le train des années
sans mémoire et sans frein
dans les brouillards du temps passé
a paru s'éloigner...

Mais un seul visage de toi
me revient ce matin,
qui a ta voix et me regarde
et qui sait mon prénom:
ton ombre n'a fait que passer
sur le mur de bonne heure,
à l'heure qu'on dirait
de ces moments de vérité -
peu m'importe en cet instant
où tu reviens pour m'emporter…

Passage de l'innocent

Il est tombé du ciel par hasard :
il n'en revenait pas,
le sommeil l'ayant délivré,
il s'est retrouvé là,
chez ces gens bien attentionnés
qui lui parlaient tout bas
de ceux qui comme lui
étaient venus par le passé
qu'ils disaient envoyés des dieux ;
et comme eux celui-là se taisait,
au point qu'on entendait le silence...

Il parlait à sa seule cadence
rare et mélodieuse
dans une langue curieuse
où les voyelles étincelaient ;
puis il s'interrompait,
reprenant alors son étrange danse ;
et comme s'il voyait là-bas
quelque chose qu'on ignorait
il souriait on ne savait pourquoi,
mais sa présence s'imposait,
et comme une distance...

Nous n'avons pas su l'accueillir :
les mots nous ont manqué,

disions-nous sans le croire,
car nous savions que dans le noir
seule une musique avait parlé,
et la caresse de ses gestes
et la question de son regard,
qui nous tient éveillés…

Relativité des sentiments

(Avec une révérence à Freeman Dyson)

La lumière a passé si vite
avec le train de nuit
qu'on est resté tout interdit...

L'enfant resté là sur le quai,
une mère éplorée,
un vieil Inuit aux mêmes yeux bridés
qu'un jardinier japonais
ont vu passer l'express
aux heures diverses
du même instant...

Quand tu lirais le billet bleu
qu'à douze ans je ne t'ai pas envoyé,
tu ne saurais pas déceler,
sur la photo délavée,
lequel ou laquelle on était...

Au bord de la rue étoilée,
ceux et celles qui se sont manqués
ne savent pas non plus
qui veille et qui s'endort...

Châteaux de sable

De son tombeau l'enfant petit
repris sitôt donné
n'en aura donc jamais fini
de nous interroger
en nous faisant ces quelques signes
de l'autre bout des vignes...

Quand on a repêché là-bas
l'imprudent garnement
sauté comme un dauphin dans l'onde
claire comme l'azur,
noyé vivant à ses trois ans
le petit à sa mère
n'a trouvé qu'un dernier soupir
et ce léger murmure
à la fin pour lui dire
ce que nul n'espère...

Ou c'est la fille de Pharaon
au regard délicieux
de petit chat facétieux,
oublieuse des heures,
faisant la mine au loup masqué,
à la nuit qui dévore
le grand soleil ensanglanté,
bravant le conseil des anciens et sautant d'île en île

jusques au bout du fleuve Nil
où tout n'est plus que rien...

Dans le sable, très insouciants
jouant aux osselets,
laissons les enfants respirer
les parfums du printemps...

Au reflet des grands fonds

Quant à la question des oiseaux,
elle ne se pose pas;
ou plutôt restons à l'écoute,
dans les escaliers sans portes
donnant sur l'au-delà
de ces voix des anciennes fois
murmurant entre les ondes
ce qu'on ne peut que deviner…

Qui procède aux guichets du ciel
saura les yeux fermés
que tout restera supposé,
rien n'étant éternel,
tout n'étant que voltige,
acrobaties sans vertige,
où rien ne répond aux questions
finies ou infinies
que par mélodies gestuelles
échappant aux théories...

Les oiseaux des grands fonds
n'en savent pas plus que vous autres
à l'écoute de vos apôtres
confinés en bureaux;
à jouer là-bas en reflets
du ciel aux galions engloutis
ils se taisent en lents silences
dans cet autre monde en replis
d'errance et longs repos...

Ce qu'il y a dans les pianos

Quand la nuit dort au fond des bois,
ou des bars, ça dépend,
on entend les voix des enfants
qui murmurent là-bas,
oubliés à travers les années -
et remonter le temps
se fait alors comme en détours,
jusqu'aux lueurs du jour…

Le secret des pianos fermés
ne préoccupe pas
les hommes de loi bornés
ni les champions de la gestion
ni les mégères des ministères
trop pressés pour s'intéresser
à cet humble mystère
des chambres livrées au silence
des sonates passées...

Quand tu retrouveras le temps
de t'arrêter là-bas
où reposent les instruments,
tu renaîtras sans le savoir
dans ces après-midi de pluie
où souriant tu t'ennuyais
faute de rien vouloir
d'autre, immobile et mutique
à l'écoute de tes musiques...

Hymne à la nuit

Le nom que tu donnes à la nuit
se lira dans tes yeux,
mais tu ne le diras qu'aux dieux
silencieux de l'oubli…

La nuit vous aura protégés
quand tout était confus
et décombres en ces années
où vous étiez perdus...

Ou par les allées apaisées,
au piano des saisons,
elle aura défait les menées
de toute déraison...

Quand, dans la chambre des enfants,
on entendait, la nuit,
le silence du grand sommeil,
c'est en toi qu'elle veillait...

Le rêve du chien

Le sage ne fait que songer
à l'insu des horaires,
et comme l'ancien initié
qui préférait se taire
il ne fait alors qu'éprouver
l'étrange apesanteur
des oiseaux dont rêve le chien
quand il nage entre les nuages...

Le savant fou n'en dit guère plus
à la porte du ciel,
interrogeant les hirondelles
qui cinglent et scintillent
dans le sommeil du chien qui dort,
tant il se trouve ému
de mieux savoir ce que jamais
il sait qu'on ne saura
ni ne verra dans ce miroir...

Ce n'est pas tant le désespoir
qu'on lirait dans le chien
en pénétrant son rêve,
ni même la perplexité,
mais à la différence
des agités que nous serions
même endormis dans nos avions:
la paisible assurance
de la divine indifférence...

Patience au tréfonds

Les étoiles ne se tairont pas
avant longtemps encore,
même pour ceux qui les ignorent
ou ne regardent pas
le ciel quand il s'endort...

Les stars ont préfiguré
le déclin des lumières
aux flatteuse vallées
où s'affolent les followers...

Les dieux sont sous contrôle;
la beauté des enfants
ne fait plus décoller
les avions de papier...

Pourtant il n'y a que le ciel
quand tu lèves les yeux
qui te prodigue le conseil
agréable à tes jeux…

De beaux restes

L'idéale maison du chat
reste à manigancer,
faute de quoi tous nos ébats
ne seront pas relancés ...

Tirer des plans sur la comète
est un projet oiseux
si les oiseaux restent frileux
ou ne font pas la fête...

Hérissons et renards s'entendent
rêver à l'unisson
sur le fil des rues et des arts,
et la légèreté des gestes
rimera en bonté
aux rebonds vifs de la beauté
des sublimes lézards...

Vélocipédie céleste

« Le bitume est exquis » (Charles-Albert Cingria)

Que sont devenus les angles,
les morts et les obtus
que l'Esprit à renfort de sangles
et d'arguments massues
n'a su capter en son filet
aux mailles ouvertes aux vents ?

La question de l'Arbre se pose
plus que jamais au ciel
où l'on débat de toute chose
en termes éternels -
même en l'Éternité finie,
entre dieux et mortels
aux longs après-midi de jeu
où l'on s'ennuie un peu...

Le bitume est exquis,
qui roule sous la route
du Fantaisiste malappris
dont les écrits veloutent
les froids géométriques
et autres motions mécaniques,
au gré de son génie
ludion de toutes les musiques...

La plus douce alliance

(À nos enfants, et pour L.)

Prends garde à la lumière,
ne laisse pas l'ombre gagner:
elle est en toi,
elle est en vous qui restez éveillés
au secret de votre clairière...

Gardez en vous ce don précieux
des larmes et de ce lent courage
que vous avez en partage
en ce jour lumineux,
malgré l'ombre au sombre visage...

Le temps imparti vous advient,
que vous vivrez ensemble,
liés par le plus tendre lien
que rien ne désassemble...

Offrande de l'aube

Autour de la chambre du temps,
on n'en a pas fini
d'appareiller sous le vent,
debout sur le petit
esquif qui s'en va s'esquivant
au défi des récifs…

Les lointains nous sont familiers,
et c'est à vue de nez
que nous parcourons les étoiles
en filant à la voile
ou à la rame, les envolées
dont vous lirez les drames
quand le temps sera revenu
de toutes ces allées…

Les enfants rêvent à la mer
les dimanches matins
des printemps de douce lumière,
quant le grand rideau du sommeil
se lève en découvrant,
dans le miroir sans tain du ciel,
le ciboire de vermeil...

Veillée d'armes

Ne ramasse pas tes jouets:
laisse-les s'amuser,
ce n'est pas encore le moment
de se montrer trop sage
en donnant la main à l'orage...

Regarde le firmament
paisible au-dessus des nuages
où divers dieux non moins joueurs
sourient à vos heures...

Prends garde à la douceur des choses:
elles aussi sont bénies
dans l'aura parfumée des roses,
au défi des douleurs...

Tu tiendras d'autant mieux les rênes
du petit attelage
lancé demain contre l'orage,
que de ta force douce
tu auras su lui opposer
ta vivante ressource...

Contre tout désespoir

Le désespoir n'est qu'un moment
que notre âme récuse
dans ce très obscur mouvement
de l'enfant innocent
qui pressent de science infuse
qu'une force en nous se refuse
à la négation pure
quand la vie est impureté…

L'âme, la vie, et quoi encore à brandir ?
Sémaphores ! Conception obsolètes !
ricanent les intelligents -
montrez moi donc une âme...

Mais toi qui bois à l'eau de source
et ne sais de tout ça
que le savoir de ta faiblesse,
tu découvres à tes larmes
comme un goût de ressource
en ton âme que la vie blesse ...

Et que nous importent les mots
qui ne soient de ce sceau
marqués dans notre
vive chair
par le feu et le fer,
et quelle enfantine lumière…

Enfants de Gaza

Ils sont nés du mauvais côté:
ils n'ont pas réfléchi,
ils ont l'air de pestiférés
buvant de l'eau pourrie;
et pris au piège comme des rats
ils ne se rendent pas…

Les enfants sont incorrigibles,
disent avec sérieux
Analystes et Cabalistes,
qui les accusent d'être cibles
au nom de leur multiples dieux...

Il faudrait donc les interdire :
ne pas permettre ça,
et qu'ils boivent plutôt du sang
au lieu de causer du tracas
par impure naissance
aux représentants des puissances
qui élèvent les croix...

Petite maison

Dans le virage il y a là-bas,
Au détour de la plaine,
une toute petite maison
où loge une sirène...

Dans l'ombre on l'entend murmurer
des sortes de chansons
tantôt tristes et tantôt plus gaies
qui m'évoquent ton nom...

Dans le secret de cette eau claire,
l'écho de nos enfances
s'entend de loin tant que de près,
en limpide innocence...

Élégie souriante

Ce n'est rien, petit, ce n'est rien:
juste une vie qu'on prend,
une ombre de moins au chemin
effacée par le vent...

Mais toi, promène ton chagrin,
fais lui faire une ronde,
un grand tour dans le beau jardin
sous la lumière blonde...

L'hiver aussi pleure les fleurs,
et les oiseaux se cachent
en des lieux secrets écartés
de la vivante hache…

C'est la faute à la vie tout ça !
disent les innocents
qui la remercient pour cela
de les garder vivants...

Et tout passera comme en douce
ou comme les colombes,
ou comme l'herbe qui repousse
et reverdit nos tombes...

Petite musique de nuit

Les animaux de compagnie
se sentent parfois seuls:
le chat sur le piano transi,
le petit épagneul,
l'oiseau dans sa jolie nacelle,
les poissons colorés -
tous se demandent enfin:
mais où sont donc passés
les habitants de la maison
du sommeil musicien ?

Le garçon qui sentait si bon,
jouant des sonatines,
la femme aveugle aux genoux ronds
débitant ses comptines,
et leurs invités aux goûters
de minuit sous la lune
dans l'air au goût d'alcool de prune…

Ceux qui savaient bien caresser,
ceux qui jamais n'auraient levé
ni le fouet ni la voix;
ceux qui de leur archet
tiraient de douces élégies;
celles aux vocalises
légères et gracieuses...

Les animaux sont au abois:
mais où est donc la mélodie
de nos amis aux yeux fermés
qui nous faisaient rêver ?

Lueurs audibles

La porte est grand ouverte:
on voit le gisement de lucioles de loin.
Le cœur de la ville engloutie
bat calmement dans l'onde,
et le silence se souvient...

Je navigue à l'étoile
sur le clavier muet
où dès enfant je m'exerçais
à l'écart de l'écart,
au milieu juste du milieu...

Tenir alors la note
dans la clairière du sommeil
m'aidait à voir de loin
ce qui là-bas semble en éveil...

À l'instant qui s'éveille

Les morts, en moi, ne le sont pas.
Derrière vos yeux fermés
je nous revois dans les grands bois,
derrière l'ancien quartier...

Tu m'attends encore quelque part
où nous nous attardions
dans la lumière du soir -
sur ton visage un doux rayon
m'éclairait et m'éclaire encore...

Le temps n'est plus depuis longtemps
dans nos cœurs isolés:
chacun de vos noms m'est présent,
à chaque battement
de votre sang remémoré
je revis et revois
le cœur muet du temps secret...

Clairière en ceux qui s'émerveillent,
à jamais cet instant
instaure en nous ce doux éveil
qu'est celui du présent...

Comme un rêve éveillé

J'ai vu passer le lent cortège
des âmes aux lèvres grises,
j'étais avec elles et sans elles:
je portais des valises
pleines de mes diverses vies;
je regardais le défilé
des foules aux longs visages
passant et bientôt dépassés
par leurs ombres sans âge...

Immobile je me tenais
aux mains déjà tenues
des vivants qui ne l'étaient plus,
que je reconnaissais
sans parvenir à les nommer
tant ils étaient les mêmes,
tant ils étaient sous tant de masques,
tant ils me fuyaient du regard...

Ne nous oublie jamais,
jeunesse a jamais fantasque
semblaient chanter en litanie
affligée et très pure
leurs voix comme sorties des murs
de mon rêve éveillé -
n'oublie jamais ta douce enfance,
ta mortelle innocence...

Réminiscence

Les maisons se sont séparées :
elles ne jouent plus, ensemble,
autour du grand pré cousu d'or ;
elles se sont refermées...

Les arbres non plus ne sont plus
les mêmes qu'alors.
Mais que leur est-il donc arrivé,
aux maisons oubliées ?

Ta main sur la mienne est légère
et se souvient de tout.
Il n'y a plus, entre les arbres
de jadis ou naguère,
que ces maisons restées en nous...

Aux anges passagers

Les enfants, là-bas, en chemin,
savent que dans les bois
le mal rôde, et que le cœur humain
se trempe dans la fraude ;
ou plus qu'ils ne le savent, au vrai,
ils le sentent et pressentent
le faux sous le masque du vrai...

Les enfants, tissés de mensonges,
avancent résolus
sur les chemins de tous les maux
où, sans être perdus,
par les songes leur viennent les mots
qui nomment les choses et les dieux,
comme s'ils découvraient
les essences à jamais subtiles
des secrets inutiles...

Au vrai nous ne servons à rien,
Leur soufflent les grands bois,
passez, enfants, votre chemin :
nous n'avons d'autres fois ou lois
que de vous inquiéter
afin d'aiguiser votre joie...

Faites donc bien le mal,
et remordez-vous saintement,
ou faites plutôt de vos biens
des signes aériens –
peu importe décidément
n'étaient les anges qui vous emportent…

La maison dans l'arbre

« *Car la poésie est l'essentiel* »

(C.F. Ramuz)

Nouvelles de l'étranger

Les poèmes nous viennent comme des visiteurs,
aussitôt reconnus ;
et notre porte ne saurait se fermer
à ces messagers de nos propres lointains.

(En forêt, 1986)

Rendez-vous

Pour L.

À la terrasse je l'attendais.
C'est assez nouveau cela :que j'aie de l'avance…

Je me sentais bien. C'était Byzance :
le boulevard, le soir, après la pluie d'été ;
en face l'épicerie éclairée,
SPIRITUEUX ET DENREES COLONIALES ;
Sous la verrière les nappes blanches,
les garçons à la coule,
ce goût de terre dorée de la Suze –
souvenir des Alpes maritimes,
quand je lisais *Alexis Zorba* sur les hauts gazons ;
j'avais seize ans, le cœur vert.
Et soudain je la vois,
Mais elle ne m'a pas vu…

Juste le temps d'imaginer
ce qui pourrait se passer entre ces deux-là,
comme cet autre soir où,
dans un bar du vieux quartier de notre ville,
là-bas,
je l'ai rencontrée…

(Paris, 1987)

Cette peur ancienne

Je ne sais pas être assez tendre avec ma mère :
toujours cette peur ancienne de je ne sais quoi.
J'aimerais lui dire quelque chose qu'elle attend,
mais je m'enferre et m'y prends mal,
et je la brusque et la malmène…

Devant l'enfant un jour je la violente aux larmes,
et les voici l'une et l'autre : mes deux juges,
ce double lien de sang serré à m'étrangler…

Ma douceur, il n'est que toi pour me délivrer
de cette peur ancienne de je ne sais trop quoi...

.

Les années Rimbaud

J'aime ces vieilles et tendres pierres friables.
Maintenant c'est en étranger que j'y passe.
Sur l'escalier de bois je me suis arrêté,
ce matin d'hiver,
tant d'années après...

C'est ici qu'à seize ans je me croyais Verlaine.
J'étais si malheureux,
si tendre, si salaud.
Je croyais que jamais
tout ça ne finirait :
le cœur à vif, les mots fous, les années Rimbaud...

Maintenant que je sais je me tais en songeant.
Et la pluie, et la vie, et la nuit, et l'oubli.

(10 décembre 1987)

Sorrow

Il est triste le moment où l'on s'aperçoit
que quelqu'un qu'on aimait
cesse de nous manquer...

Comme il est triste aussi
le retour de celui
que personne n'attend...

(12 décembre 1987)

Réminiscence

À chaque retour du printemps
il y avait, invisible,
l'Italien à l'accordéon...

Dans la soirée il s'installait
de l'autre côté des jardins.
Aux fenêtres grand ouvertes,
les gens du quartier s'accoudaient,
et c'était comme un chant surgi
d'un autre temps d'avant le temps...

(13 décembre 1987)

À l'ami disparu

En mémoire de Reynald.

Ce soir j'avais envie de te téléphoner,
comme ça, sans raison,
pour entendre ta voix,
comme tant d'autres fois…

Après tout c'était toi, déjà, ces longs silences.
Mais je sais bien, allez, vous étiez occupés :
les patients, les enfants, l'éternelle cadence.
Ce n'était plus, alors, le temps de nos virées
au biseau des arêtes ;
ou comme ces années en petits étudiants dans l'étroite carrée :
les rires, avec ta douce, que nous faisions alors !
L'emmerdeur d'en dessous qui cognait aux tuyaux.
tout ce barnum : la vie !

Et ce soir de nouveau
j'aurais aimé semer
un peu ma zizanie.
Ou parler avec toi, comme tant d'autres fois…

J'avais presque oublié ce dimanche maudit,
cette aube au bord du ciel
au miroir effilé,
la griffe de ta trace
au-dessus des séracs.

Tu vaincras, tu vaincras scandes-tu : tu vaincras!
L'orgueil de ton défi !

Mais soudain à la Vierge là-haut qui te bénit -
à toi sans le savoir est lancé le déni
d'une glace plus noire.
Ce dimanche maudit, juste à ton dernier pas.
Et ce cri ravalé, et ce gouffre creusé.
Et l'effroi des parois – et la mort qui se tait...

Sais-tu que je t'en veux ce soir,
ami, parti tout seul
comme un bandit !

(Après le 15 août 1985)

Savoir

Puissions-nous retrouver,
cette lumière qui nous éclaire
en dépit de nous-même...

Nous ne pouvons plus croire,
nous n'avons plus cette candeur
de l'enfant surpris par la nuit,
Notre savoir est en lambeaux
dans le roncier des preuves...

Tout est trop expliqué :

tout est trop occulté,
de notre obscurité.

(15 décembre 1987)

En réalité

Ne plus rien dire enfin.
Nous avons trop parlé.
Tout se mêle, les mots,
le miel et le fiel noir…

Au ciel de sang caillé,
ce ne sont plus que cris
et que sanglots hagards...

Je vais errant sans poids ;
il n'est plus de langue
que de bois en cendre,
âcre au palais sans lèvres…

L'âme se tait, aux murs
les slogans effacés
ne rêvent plus à rien...

Dans le grand jour obscur :
pas un chant de regret ;
juste une femme au puits,
et son enfant muet...

(15 février 1989)

Sérénité

Tout cela va de soi :
nous sommes confiés
l'un à l'autre, je crois...

Le matin revenu,
Schubert à l'impromptu,
nos regards accordés,
la chambre, la journée,
les arbres, tout ce bleu,
nos secrets et nos vœux,
nos silences et nos voix...

Je me sens si léger, de me savoir à toi...

(13 mars 1989)

Matinale

À l'aquarelle le matin
tes yeux dans les miens diluent
des dunes, des lunes, des lointains...

des bribes de rêves entre nous
font comme des ombres bleues
dans les yeux des enfants qui jouent...

Je voudrais rester dans tes bras,
que longtemps s'écoulent les heures,
que le temps ne se brise pas
aux arêtes de la douleur...

(19 mars 1989)

Délivrance

Viennent les rides à nos visages,
toutes nos peines partagées ;
nous nous aimerons jusqu'à l'âge
incertain de nous délier...

La mort seule nous déliera
l'un de l'autre et de nos festins,
de nos pleurs et de nos arias -
de la mort délivrés enfin...

(19 mars 1989)

L'enfant et l'oiseau

De l'autre côté du sommeil,
là-bas où le souffle léger
d'une brise dans les allées
des années écoulées
me rappelle l'ancien rêve
éveillé de mon enfance,
ce goût de miel, cette lumière,
cette clairière au bord du ciel –
c'est là-bas que mon chant s'éveille.

(20 mars 1989)

Clavecin des prés

Au jardin de ma bonne amie,
le maître d'harmonie
est un dieu familier...

Les yeux fermés elle devine,
au parfum des collines,
une ancienne saveur...

Comme une fraîcheur de jeunesse,
comme une caresse,
comme un goût de fraise...

Songeuse au milieu des pavots,
tranquille comme une eau,
elle sourit aux heures...
C'est un souvenir qui revient,
et c'est aussi le mien, d'un secret partagé...

(21 mars 1989)

L'Ennemi

Le Mal couve en douceur :
c'est un regard trop doux
qui très doucement voue
l'innocence aux douleurs...

Il singe en souriant :
en sournois ingénu,
c'est le démon confus
au sourire obsédant...

Il dit aimer le monde,
et le monde est séduit,
mais le monde entend-il
ricaner cet immonde ?

(22 mars 1989)

Sourcier du regard

Pour Josef Czapski

Tu laisses derrière toi
ce long sillon profond,
balafre d'un regard,
chemin d'heures et de sang
de la terre inhumaine
à quelle aube espérée.

Tu nous montres les choses
et les gens qui sont là.
De la cendre des jours
tu ranimes la flamme
rose, mêlée de suie ;
des villes sous la pluie
tu puisses un infini
de visage perdus :
autour de nous, partout,
dans le métro, la rue,
ce sont autant de cris
portés par la couleur ;
et jamais tu ne passes
indifférent, jamais jamais
tu ne te lasses
ni ne cèdes à l'oubli…

Tout noter, tout noter :
ce grand nègre princier,

c'est l'Homme simplement
sur la terre exilé,
ou la vieille esseulée ;
tout noter : les objets
qui nous parlent du Temps,
tout ce qui est caché,
ce qu'on voit sans le voir ;
tout ce qui s'est usé
ton regard le répare…

Tout noter : la lumière,
et l'humble vérité -
l'aura de ce mystère.

(Paris, La Désirade, 1974-2016)

Aux jardins Boboli

Pour Gérard Joulié

Ce que j'aime chez vous,
C'est ce lord, mon ami ;
chez vous l'élégance
et la mélancolie
diffusent comme un nimbe d'or...

Nos conversations, le soir,
à l'infini s'allongent,
au hasard des bars.
Et par delà minuit
(rappelez-vous cette soirée d'été
aux jardins Boboli, lorsque nous parlions
de ce que peut-être il y a *après*) ,
sur la marelle des pavés
nous jouons encore une fois
à deviner qui le premier contemplera le Paradis...

Aux jardins Boboli, cette nuit-là,
vous m'aviez dit que vous,
vous croyez qu'on revivra
comme ça, tout entiers.
Pour moi, vous ai-je dit,
je n'en sais rien. Patience.
Je ne crois pas bien, mais
comme au cinéma j'attends
la fin de la séance,
les yeux fermés.

Comme aux jardins Boboli de Florence,
je souris en silence...

(Florence, 1973-2016)

Lumière pascale

Je me souviens des matinées
de ces dimanches radieux ;
les cloches tintaient dans le bleu
qu'on eût dit d'une eau purifiée...

En famille on processionnait
jusqu'au temple fleuri de blanc ;
puis on se serrait sur les bancs.
L'orgue flambait comme jamais...

Et ce matin j'ai retrouvé
cette cantate que rien n'altère,
et ces ondées de lumière
et ce parfum d'éternité...

(Pâques 1989)

À peine un souffle sur l'eau bleue

Pour Sophie et Julie

Le long de l'anse très douce
de sable sans âge gris cendré,

sous les arbres aux teintes rousses

encore de l'hiver passé,
la vieille esseulée sur son banc

là-bas, vous regardant jouer,

songe peut-être à ce temps

que jamais elle n'a oublié…

À peine un souffle sur l'eau bleue,

dans le ciel à peine une trace ;
et cette ombre déjà dans nos yeux -

ainsi passerons-nous, fugaces.

(27 mars 1989)

Passent les années

Chaque printemps paraît plus vert,
chaque automne plus flamboyant,
chaque hiver passé je le sens...

Et déjà cela passe ;
déjà c'est passé…

Mais ce matin vermeil : refleurit le rosier;
la vie revient à elle.
au jardin des années...

(28 mars 1989)

Dans ce bar à tapas

En mémoire de notre père

Je nous revois marcher
par le sentier sinueux
serpentant entre les rochers
des hauteurs d'Aigua Blava,
nous retrouvant là tous les deux
comme vingt plus tôt
en altitude,
quand tu marchais devant...

À présent tu peinais
dans ma jeune foulée,
impatient de me faire attendre,
mais tu ne disais rien,
selon ton habitude…

Le soir venu nous allions
volontiers à *notre* bar à tapas,
d'où la mer scintillait...

C'est là que nous nous sommes parlé,
deux ans avant ta mort
un peu comme des amis,
quelques fois...

(12 avril 1989)

Petites filles à la mer

Dans les herbes hautes, on voit leurs chapeaux
de paille claire, avec des rubans ;
elles se dandinent un peu
sur la dune molle ;
on les sent légères :
il s'en faut de peu qu'elles ne décollent
de l'arête soufflée par le vent ;
puis elles disparaissent un instant,
puis on les revoit, plus menues –
entretemps elles ont pressé le pas ;
tout en bas la mer brasse et remue
son pédiluve à grand fracas ;
mais elles connaissent,
ça ne les impressionne pas :
elles y vont tout droit, juste pour voir,
si c'est si froid qu'on dit ;
elles sont jolies,
dans la lumière belle ;
il n'y a qu'elles
sur le sable gris paradis.

(5 avril 1989)

Par les allées heureuses

Sur cette photo retrouvée,
tu me regardes, au Luxembourg,
avec l'air de te demander
ce qui peut bien nous arriver...

C'était notre premier voyage ;
cela faisait deux mois à peine
que nous nous étions rencontrés.
L'herbe avait déjà reverdi...

Notre premier enfant vivait,
mais nous n'en savions rien alors,
sous le tendre ciel printanier...

C'était avril, et c'est encore
au Luxembourg des amoureux
que nous vivons depuis lors.
Cela va faire sept ans à peine...

(6 avril 1989)

Toi seul nombreux

Cette fois dans les bois
tu te seras senti toi
et tous, pourtant loin d'eux,
pour la première fois:
toi et tous séparés,
dans la même mêlée...

Et depuis ce jour-là,
devenu toi en eux
tu n'as plus eu jamais
de paix et nulle part
où te réfugier...

Un poème l'a dit:
le vertige est partout
de se savoir si soi
seul et si sûr de rien
et sans autre pouvoir
que de le dire ou pas -
si terriblement soi...

Mémoire des eaux

Je ne sais rien de cette histoire
d'armes entrechoquées
dont les eaux ce soir-là
se caillèrent sous le ciel
indifférent de Trasimène...

Mais en ce bel été,
en apnée indolente,
j'entendis les échos,
les cris au fond de l'eau,
la mêlée et les os broyés sous le soleil
où nos corps exultaient -
Ragazzi di vita ...

Ainsi étions-nous seuls,
à l'abri des regards,
à revivre l'Histoire
des beaux corps oubliés...

(Au bord du lac de Trasimène, 1974-2016)

Artefact

Travailler le poème,
c'est élaguer en sorte
de donner plus de poids
et de mystère aux mots
qui de nos os brûlés
ont gardé cet émoi...

Le long des eaux on voit
ces feux dans les rosiers,
dans les tas de déchets,
dans les bois, n'importe où :
sur les arbres les noms
perdus et retrouvés -
les noms et les secrets,
les feuillées, les fumées...

Insomnie

Peu avant son dernier souffle
notre père a gémi d'horreur.
Était-ce une pensée ?
Était-ce plutôt la peur
de ce très noir passage ?
Était-ce la douleur
ou le trouble jeté
par un dernier calmant ?
Voyait-il davantage
que de notre côté ?
Ou déjà le prenant,
n'était-ce pas ce froid ?

Quand, au fond de la nuit
CELA m'ouvre les yeux,
dans le noir je regarde
et me retrouve enfant ;
et comme alors je sens
sur mon cœur anxieux
cette griffe du froid.

Ce même chant

Depuis toujours, je crois,
résonne en moi la mélodie
de ce pays là-bas
dont j'ai gardé la nostalgie...

Lorsque par les allées
de la mémoire je vais errant,
j'entends les voix ailées
de mes songes d'enfant...

Rien n'a changé vraiment,
si tout paraît bouleversé -
que le chant des années
garde mon cœur ardent...

Le plan des anges

Il n'est pire sentiment
que la peur de te perdre.
Du temps que j'étais seul,
un long désir morose
m'enchaînait à la nuit :
à la lune un serpent que sa faim dévorait...

C'est là-bas, tout au fond
de ces cercles obscurs
de la passion de chair
blanche comme un linceul,
c'est là-bas qu'une nuit
j'ai saigné ces sanglots
de me sentir si seul...

Et puis c'est arrivé :
sur nos têtes les anges
ont tout manigancé.

Mater dolorosa

« Mon Dieu, prenez-moi, mais ne prenez pas ceux que j'aime»
(Gemma Salem)

Avant l'ouverture elle est là,
sur le parvis du Bon Marché,
courbée et le regard bas,
sous tant de poids accumulé...

Derrière la vitrine étoilée
scintille comme un ciel d'Orient,
mais elle est ailleurs à présent
hantée par la faim de l'enfant...

Dans quel monde l'a-t-elle donc jeté,
ce fils de toutes les misères,
à quoi bon cette lumière
pourquoi Dieu s'est-il éloigné ?
Cependant elle tend la main ;
tout en elle s'est résigné
à ce geste peut-être saint
qui nous offre la charité...

Autrement dit

Il reste entre nous de l'ombre,
beaucoup d'aveux informulés –
de ces choses que sans les cacher
on ne se dit pas, simplement…

on se connaît assez, le sombre
et le clair tissent nos instants ;
et nous nous fions au silence :
sans un mot nous nous révélons
l'indicible et le plus secret...

Alter Ego

Depuis tout ce temps il me suit,
cet Autre je ne sais trop qui ;
partout où je vais, sur mes pas,
dans mes songes et mensonges,
il est là qui sourit, se ronge,
se tait lorsque je lui déplais –
cela fait des silences lourds...

Je ne sais pas ce qu'il attend;
parfois je l'entends qui doute,
à croire qu'il soit en déroute,
ou peut–être mon prisonnier ?

Parfois encore il disparaît
longtemps, et je reste sans voix.
Mais aux appels silencieux
que malgré moi je lui envoie
(car sans lui je ne vivrais pas),
à chaque fois il reparaît...

Cependant j'ignore qui il est
ce double obscur et lumineux...

Nostra dolce gioventù

Sous les hautes maisons de pierre
on s'en allait par les tunnels
jusqu'aux terrasses au bord du ciel
d'où cascadait une rivière...

Les matinées étaient si claires
si limpide ce bel été
dans l'ombre le soleil semait
comme des lunes de lumière...

Dans le lac, les yeux grand ouverts
nous plongions et plongions encore
à la recherche du trésor
caché là-bas par le corsaire...

Et le soir nous éternisant
sur une place à l'italienne
nous reprenions l'antienne
de nos chansons d'adolescents...

Filles et garçons de l'été,
nous flirtions et fumions en douce ;
aux rayons de la lune rousse
nous osions nos premiers baisers...

J'aime me rappeler les heures
de ce temps-là d'avant le temps ;
passent les jours et les ans
que vivifie cette fraîcheur...

Facebook

La meute en même temps
glapit-adore-ignore,
élit, élude, abhorre,
déglutit et vomit...

L'œil enregistre tout.
Jamais il n'a été
si fermé à l'ouvert...

Quand tout et son contraire,
le voyant, le violeur,
le suave arrogant
et la mère sans secours,
à jamais diffondus,
confondent au plus confus
l'encore et le toujours...

Morts digitalisé
ou peut-être vivants –
qui voit le différent
dans le pareil au même
sans mémoire et sans rêves ?

Pourtant le verbe aussi,
le verbe vert et vif,
passe tous les dénis…

L'échappée

En mémoire de Nicolas de Staël

Plus
on est soi,
plus
on est seul,
se disait
cette nuit-là l'Artiste
en sa foi chancelante
entre deux vertiges…

Mais l'Œuvre se fait :
seul recours,
seul secours
avant que
la lumière du jour
ne le foudroie…

Seul amour
au détour:
hors de soi.

Au corps ignorant

Sur un poème de Rainer Maria Rilke.

L'athlète s'en est allé,
mais je ne sais ce soir
si ce que je déplore

est sa disparition,
le drapeau flamboyant

de son corps exerçant
son art géométrique,
ou ses mains électriques

écrivant des poèmes.
Je ne sais pas, j'hésite ;

réellement ce soir,
la fatigue m'a pris

dans ses bras féminins,
mais ce grand torse à voir

de marbre et remontant

les chemins de l'oubli,
via Rilke et Rodin,
me rend ces beaux matins

de nos corps élancés,

leur grisante sueur
et sur le stade inscrite,

la lettre du poème.
Ignorant de la peur
l'athlète ainsi demeure...

(Athènes, 2011)

Ce qui fut déjà

Le récit non écrit
remonte au quaternaire
où le Créateur déjà
se sent tout chose…

Que faire de tout cela ?
se demande-t-il donc
en scrutant du regard
ce pays de Lui-même…

Alors lui vient le Verbe
surgi du plus confus
des boues de sa mémoire
et du tohu-bohu
la proclamation :
une lumière sera !

Mais quel magma c'est là
quel cri primal au corps,
et quel désagrément
que de naître comme ça
dans ce désert bruyant…

Après quoi ce seront
des râles né le chant,
les jours et les outils
les pigments, les stylets,
et voici le récit : déjà !

À la main amie

Pour E.

Je ne sais pas qui m'écrivait
cette nuit d'un hiver passé
où tout se taisait sous la neige ;
qui m'a pris cette main
pour écrire sur ce papier bleu,
à l'encre bleue aussi
ces tendres mots de l'amitié
que parfois on se doit…

Et je lisais ces mêmes mots
de toi, lorsque le Mal t'a pris…

Chambres d'écho

En mémoire de Constantin Cavafy.

Sous les arbres, déjà,
du quai de la nuit de mai,
les corps à l'odeur de poisson,
les mains cherchant les noms des visages absents ;
les corps à l'abandon
déjà faisaient entendre
ces murmures dont les chambres
se souviennent longtemps après...

Le lift est une antiquité,
mais en bois précieux,
et ses poulies sont huilées
comme les corps très souples
des guerriers de l'amour...

Les chambres ont tout enregistré ;
la salle d'eau sur le palier
les accueillait dans sa buée,
toute bleue et ses tuyaux
crachaient une eau rouillée...

Mais ces corps de guerriers
ignoraient le remords :
le soleil de la chair
seul irradiait les chambres;
le soleil et la mort...

(Thessalonique, 1993-2011)

Hohl

Malséant que tu es,
de ton vivant tu n'existeras pas pour eux :
ta vie dans un cachot les exaspère.
Pour qui te prends-tu donc,
Shakespeare de sous-sol,
à flinguer Dieu au revolver -
quitte à ne Le toucher qu'au talon,
dis-tu en grimaçant…

L'Esprit fuse pourtant de ta cave,
et décape, et détone, et délivre.

Fusées d'éclairs noirs
au ciel blanc de la page.
Notizen
en escadrilles de croches pointées,

ton Œuvre de furieux génie,
boîte noire de Kafka,
ou malle de Pessoa,
irradie.

Au niveau du réel

« Laissez venir l'immensité des choses. » (C.F. Ramuz)

Ils en font tout un mot:
ils ont l'air d'en savoir
tellement à propos
de la réalité du réel
qu'on se demande un peu
si ce n'est pas trop peu
demander à l'éclair…

La clairière est immensité,
ton imagination
déborde de partout,
la forêt, les déserts,
des bras qui vont s'ouvrir,
un ado qui se tue,
la lumière oubliée
dans la chambre de la patience…

Un théorème à l'état pur,
j'entends: purement virtuel,
ou l'épure d'un nom
de fleur dans le salon
d'un Mallarmé mallarméen…

L'ouvrier arménien
est-il plus réel ou moins

que le parfum poivré

du trader irlandais ?

Le réel du pinceau

plus réel que celui

de l'encre indifférente ?

Et la décence plus réelle

que l'agitation

aux guichets affolés ?

L'Histoire a-t-elle vraiment été

arrachée à ses gonds ?

Le cinéma fini

après Kiarostami ?

Et mes fantasmes moins réels

que la réalité rebelle -

la poésie le dira-t-elle ?

Les ombres claires

(En mémoire de Katia)

Passé le seuil, c'est là:
la nuit nous accueille en silence,
et ils sont là, tous là,
les arbres de la nuit
qui dansent sans un pas:
immenses plus qu'au jour,
la nuit les agrandit…

Dans les chambres d'hôtel
s'il y a une Bible
ou parfois un Coran,
quand on ouvre le Livre,
c'est pareil: le monde
soudain est agrandi…

Immensément rouge le chêne :
le chêne américain,
immense aussi sera
le sycomore qui est là,
un peu trop jeune encore
pour s'imposer à ceux
qui voient en lui un peu
de la personne déplacée...

Mais des plus familiers,
d'essence coutumière,
érables ou foyards,
aux écorces plus rares,
aucun n'est étranger
de ceux- la qui autour
de notre maisonnée
font une autre maison,
plus grande et protégée
par le manteau de nuit;
et point d'exception
pour l'arbre de Judée
où se pendit Juda
et dont les feuilles tremblent -
notre arbre de mémoire…

Muets et solitaires,
présents, indifférents,
nos ombres sombres ou claires
les arbres sans attente
veillent aux nuits d'été…

Nocturne

Le piano dans la nuit
écoute cette voix
qui ne parle qu'à lui…

Celle qu'on ne voit pas
se tait les yeux fermés.
On ne sait pas ce qu'elle fait là…

Les grands arbres muets
abritent sous d'autres cieux
les splendeurs de l'ivoire…

On ne saura jamais
d'où vient le chant du soir…

Juste en passant

(Sur une image de Philippe Jaccottet)

Nous serait-il permis,
ici et maintenant,
d'échapper un instant,
une heureuse minute,
aux vers de pierre, aux pieds de plomb ?

Longtemps nous l'aurons recherché,
dans l'air sali des te
parsemés de déchets,
de stérilets et de crachats,
partout enfin là-bas,
jusqu'aux magases de grand luxe,
où le terne et l'opaque
ont figé la parole
et toute mélodie,
cette espèce d'état chantant
d'une voix évadée
de la jactance abjecte...

À l'encre sympathique alors,
je recopie ces mots saisis
en passant à Grignan :

« L'oiseau dans le figuier
qui commence tout juste
à s'éclaircir et montrer
sa première feuille jaune
n'était plus qu'une forme
plus visible du vent »...

Proust

La terrible douleur
de n'être pas aimé,
ou tout faire pour ne l'être pas
quand ce ne serait pas assez...

Nous avons espéré
tout ce temps écoulé
que l'enfance passe
mais l'enfance n'en finit pas
de se retenir de passer
pour un baiser volé...

Des rivières se retenant
elles aussi de s'enfuir
s'accrochent aux cuisses
musclées des nageurs
à langueurs de sirènes;
et les filles de musiciens
aux arènes de nuit,
injurient les familles...

L'intelligence de tout
est immense et partout,
rien n'étant séparé
dans la vision de l'esseulé
recevant à dîner
des flopées d'ennuyeux:
de conseillers fiscaux
de duègnes déguisées

en experts militaires;
et les oiseaux de nuit,
et les requins sans bruit,
les prêtres attifés
avec leurs gigolos,
les courtisans fardés -
tout un théâtre hallucinant
de masques effarés;
toute une comédie affreuse,
odieuse et délicieuse;
et ce regard sérieux
du populo matant
l'étalage précieux
aux vitres embuées
du grand hôtel factice…

Tous ces visages nus
de faux-culs alignés
le long des galeries
de tous les artifices,
tous ces vieillards puérils
ces vieux enfants séniles
soudain bouleversants
en la vérité vraie de ce temps retrouvé
par delà toute attente…

Ainsi la mer allée
sera demain l'amante
de ce matin passé:
ce type couché nous a ouvert
de nouveaux chemins sur la mer...

(Cracovie 2016)

La baraka

Aux innocents massacrés

J'étais innocent présumé,
ou peut-être pas, va savoir ?
J'étais un enfant de trois ans,
j'étais un vieil Anglais
familier de la Promenade;
nous, nous étions juste belles,
juste faites pour le bonheur,
et faut-il se méfier aussi
des jeunes filles en fleur ?
Et quelle peur auraient-ils eu
ce soir au bar des retraités
amateurs de karaoké ?
Nous, nous ne faisions que passer…

Ces trois-là étaient Japonais.
Pas mal de gens, aussi,
qui s'étaient dit CHARLIE
en janvier de l'autre année,
l'avaient oublié par la suite
en se pointant au Bataclan...

Mais à présent on se sentait
tellement protégés:

le ciel virant de l'orangé
à l'indigo sur les palmiers;
nous regardions la mer
aux reflets étoilés;
dans ses bras tu t'étais sentie
délivrée des emmerdements;
un autre maudissait la vie
sans savoir pourquoi ni comment;

plusieurs millions plantés
devant l'écran de leur télé
étaient à regarder comment
le monde va ou ne va pas -
on ne sait pas, ça dépendra
peut-être de la baraka ?

Voila ce que ce soir peut-être
ou peut-être pas, va savoir
ils se disaient tous dans le noir
et comme flottant hors du temps:
ah mais quel beau feu d'artifice
ce serait ce soir à Nice -
lorsque a surgi le camion blanc

(Ce matin du 15 juillet 2016)

Thélème

Ce serait l'aimable pays
à tous ouvert sans condition
que de se montrer bon…

Vous croyez que je rêve ?
Vous vous trompez:
trêve de fade amabilité,
ou alors crève l'amitié !

Rien de mielleux non plus
ne siérait à la survenue
en ce pays d'urbanité
où le dedans et le dehors,
les intuitions du corps,
et les cœurs aux vigueurs
variées à souhait
de parfumeuses et de danseurs,
et d'alchimiste raffinés
et d'artistes aventuriers,
ou de surfines ouvrières
et autres paysans trouvères
se mêleraient si bien
en l'art simple de faire
que rien ne serait plus
heureusement réjouissant
que d'en voir les pensers
et gestes accordés
aux prônes sages et débridés

de l'aimable Abbé Rabelais...

Dans le décor si bien conçu
des avenues des villes
immenses ou plus menues,
des villages et autres images
de livres de petits enfants
ou de parfaits savants,
entrez : c'est par ici qu'on aime
d'amitié naturelle,
à l'antique façon
des doux apaisements
qui font de toute brute humaine
un sujet de l'Abbaye...

Dans les maisons

"Il avait dans ses poches des adresses de maisons"

(Pierre Jean Jouve)

S'il va dans les maisons,

c'est pour se sentir plus vivant,

et ces dames sont là,

et quelques gars aussi,

toujours tellement accueillants,

même si le piano

se désaccorde un peu

fatigué par le temps…

Mais on y est si bien,

la nuit ou les après-midi,

les lendemains d'hier

de crises financières,

ou pour se reposer

des mornes voisinages -

ah l'horreur des visages

aux assemblées forcées

des bureaux et hoiries !

Enfin vous voyez quoi:

la vie est si lourde parfois...

L'ange de la nuit

Pour Gilbert Vincent

De par ma qualité
de papillon de nuit
je bénéficie, c'est vrai,

de certains privilèges
en termes de transit urbain,

mais ce n'est pas dire

que je passe à travers les murs -
que non point : qu'on se rassure;
en revanche les vols à basse altitude
me sont autorisés
même dans les rues à dangers;
et c'est là qu'il m'est donné certains soirs
à la sortie de certains bars,
d'apaiser le malheur –
ce qu'on dit le malheur humain.
C'est que ça n'a pas d'ailes le malheur humain …

Mais ce malheur humain
que j'apaise me justifie,
messager que je suis,
et tout est bien ainsi...

Le silence des arbres

Tu ne pèses pas lourd,
mais ces os empilés,
ces mains qui décapitent,
ces fosses refermées,
ces murs dynamités
disent ce que tu es...

Nous qui n'avons de mots
que ceux que tu nous prêtes,
nous t'écoutons pleurer,
te plaindre, tempêter,
geindre puis menacer;
comme l'ange et la bête,
faire ce que tu hais…

Comme la femme au puits
ou le poète hagard
nous restons éveillés
mais nous ne disons mot
qui ajoute à tes cris
le vacarme du sang…

Cependant tu le sais:
tu sais notre clairière :
ton poids n'est qu'un refus…

Le silence t'attend.
Il n'est point de barrière
pour ce qui souffle en toi...

Les étourneaux de Salamanque

Pour Sophie

Tu es l'enfant de la forêt,
l'esprit secret du violoncelle
né bien avant je crois
ta seconde naissance.

Mais peu se le rappellent,
ce temps de gestes un peu fous
dans le chaos rebelle
des étourneaux de Salamanque.

L'ombre du temps durcira
cette cire de l'enfance,
mais au bois tu seras
fidèle à ton insouciance.

Quant au brouillard de Salamanque
dans lequel tu flottais
jeune étudiante entre deux temps,
gracieuse, tu a su
sans le vouloir le dissiper.

Le violoncelle ignore
à ce qu'on dit tout bas
le montant de son compte en banque,
ce qu'il fut avant d'être fait,
et caetera et caetera.

Le violoncelle ignore
ce que sa voix pourtant rappelle
aux cœurs des étudiants
de la volée de Salamanque.

L'enfant à la Dame

Dès qu'ils tournent le dos
je fais rimer l'hermine.
La Dame m'a reçu
de son air enjoué,
me voyant si féru
de l' ancien instrument
à presser le papier
où les mots sont restés.
Et ce nom d'Engadine…

L'objet n'est pas perdu.
Chaque ville a son air,
je traduis: son hermine.
Peste soit des notaires
opposés à la rime
alternant les molaires
et les fines canines
au sourire de travers…

Donc à Silvaplana
m'attendait la Joconde
au sourire de garçon ;
à sa dent ébréchée
tenait ce charme tendre
qui ne dit pas son nom…

Mais c'est à Cracovie
pour la première fois
qu'au temps des jours de plomb
j'ai fait rimer par cœur
la candeur et l'hermine…

Tout est recopié
d'un vieil antiphonaire.
Et pensant à la Dame
à l'hermine j'écris
à celui que j'étais
quand je n'étais rien
qu'un enfant solitaire...

Le présent est un don
que nous rendons à qui
de la Dame à l'hermine
rappellera le nom…

Premier du nom

Pour Julie et Gary

Sa majesté l'enfant
est attendue au coin du bois;
un tapis sera déroulé
de la mer jusque-là…

Pour la vie ajoutée
sous le grand chapiteau des mots,
on fera flamboyer
la fanfare des animaux…

On se réjouit le dimanche,
là-bas dans la clairière,
de voir s'éparpiller des branches
des volées de lumière…

Sa majesté l'enfant
au fond de la mer ne sait pas
que le ciel qui l'attend
n'en sait au vrai guère plus que ça…

On l'aura déjà vu,
mais cette fois comme jamais
l'enfant n'aura su

qu'il est comme tous le tout premier.
Sa majesté l'enfant
quand il sera bien vieille
ou bien vieux, voila: ça dépend
fera l'amour au sommeil.

(À La Désirade, ce 5 avril 2017)

Young memories

Nous avions vingt ans d'âge
et le vent jeune aussi,
la nuit au sommet de l'île
nous décoiffait et sculptait nos visages
de demi- dieux que partageait
l'amoureuse hésitation,
sans poids ni liens que nos
ombres dansantes
enivrées au vin de Samos,
les dauphins surgis de l'eau claire,
nos impatiences enlacées,
un consul ivre sous le volcan
et le feu du ciel par delà le dix-septième parallèle...

Et partout, et déjà,
défiant toute innocence,
les damnés de la terre
plus que jamais déniés;
et si vaine la nostalgie
de nos vingt ans,
en l'insolente injonction de nos rebellions…

C'était hier et c'est demain,
et nos vieilles mains sur le sable
retracent en tremblant les mots
qui se prononcent les yeux fermés
au secret des clairières…

(San Francisco, Nobhill, ce 21 avril 2017).

En cette ville la nuit

"Pourquoi nos désirs ? Pourquoi nos pensées dans la nuit ?
Pourquoi la présence de certains hommes, de certaines femmes à mes côtés
fait-elle se dilater le soleil dans mon sang ?"
(Walt Whitman)

Depuis la nuit du sang
le remords de n'être pas dieu
me retient en ville où je tue
le temps…

Aussi je me fais une fête
d'ancien cueilleur d'amulettes
de conspuer avec l'enfant
tatoué de sangs mélangés
la fierté des battants
qu'enivre l'élan de l'épieu…

Votre ville est si fière
de son utilité
pure de toute futilité
qu'elle en devient plus dure
en nos cœurs assiégés
que l'obsidienne des couteaux…
Vous êtes les tenants

de l'activité verticale;
aux axes effilés
vous cumulez l'effet
et les reflets des angles
exsangues et calculés
dans les bureaux glacés;
vous êtes les adroits,
et ni le choix des armes
ni les états d'âme
n'échappent à vos menées
et autres visions programmées...

Votre empire est sans pitié
et la misère empile à vos pieds
les hardes de la horde exclue,
mais les affaires sont les affaires...

La ville-monde au demeurant
nous exalte et nous épate,
oxymore de splendeur;
Caïn le rebelle au grand air s'éclate,
et le tendre Abel en sa lenteur
mène sa peur où ça lui chante...

Respirer

On peut faire un livre avec ça,
on peut faire un poème
avec n'importe quoi.
Faut juste avoir l'inspiration…

Les forêts donnant sur la mer,
ou les arêtes entre deux eaux,
les grands cahiers bleus d'écoliers,
les toits plats où l'on va fumer
ou les bardeaux anciens
de bois rincé par la pluie
aux parapets des cieux:
un Soutine l'a peint
comme un chaos de quilles
en sarabandes de maisons -
telle étant l'inspiration…

On respire, on aspire
et le chant monte ou pas
de la chair en joie
ou de l'esprit scabreux;
de ce qu'on appelle l'âme,
du sexe levé du frère âne;
de la femme océane aux yeux
d'écumante braise -
au poème, oh merveilleux
tout sera décelé dans l'aise

de la nuit inspirée…

Out of joint

Plus tard je me suis demandé
si les autres là-bas
n'étaient pas nés trop tôt ?

Je ne retrouvais plus
le lieu du portulan
où l'on se retrouvait
dans les années-lumière,
où tout semblait aller
de rimes en ruisseaux...

Alors on se parlait
toujours à demi-mot,
et le silence se faisait
à l'entour des clairières…

Mais hélas tout ça
est encore trop écrit.
Revenir aux vrais mots.
Ne plus édulcorer,
je dirai même: ne plus
poétiser…

Le temps nous pèse moins
ce matin de printemps
où tout s'efface sous nos yeux
du secret révélé des dieux -
sans autre grâce que le présent…

Fugitifs

(Sur un vision de Joseph Czapski)

Ils n'ont fait que passer:
on les entend marcher en l'air.
À travers les déserts,
cela ne laisse pas de trace,
mais les dieux impatients
ont un faible pour les violents,
et l'espèce est en guerre…

Sus au temps
ils n'ont fait qu'arracher
aux cadrans les ombres solaires
pour piétiner à cru
les beaux jardins de tous les vœux;
et brûlant toute terre
insoumise à leurs seuls dieux,
ils n'ont fait que défaire...

Mais les enfants de la clairière
dans les bars des beaux soirs
des printemps de l'été indien,
sur les lacs et les patinoires
savent qu'ils ne savent rien
et vont se répétant:
nous prenons tout le temps
de nous dire que nous passerons…

Poisson-lune

J'ai peint le ciel toute la nuit :
c'était comme un
grand poisson doux
couleur d'ambre et de prune,
en suspens au-dessus des lunes,
et la ville au-dessous ;
et toi tu y étais Ondine
comme un oiseau dans la nue…

Ah mais comme tu ondulais !
ah mais comme on y était bien
dans notre ciel sur les toits peints
à l'aquarelle on le devine
par le temps suspendu !

Nous ne parlions de rien
que de toi et de moi
et de moi et de toi ;
et la lumière te venait de là,
et j'irradiais à travers nous…

Nos voix se répondaient
dans le silence de l'eau nue -
Dieu même n'en revenait pas !

Immanence

Les choses en sont là:
le poète en avait rêvé ,
et tel est son constat:
l'arbre du savoir est coupé…

Ce qui se dit alors
sera la question de nos jours,
et le dire et comment,
à l'exclusion de tout discours
autre que de saveurs
sonores et bariolées…

Le vert serait sensation pure
au dévalé des monts
surgis des antans du tréfonds;
et le rouge pointerait
en vive affirmation:
me voici tout ardent,
je suis la fleur en gratuité !
Les choses en sont donc là,
et nous voici les contempler
comme au premier matin…

Au soir des lucioles

Je m'en vais dans le vent
vert et noir par delà les champs,
comme on suit un chemin
d'eau claire entre les pierres…

Tu es comme l'Indien,
chaussée de sandales légères,
et le chemin nous suit…

Dans son cercueil de verre,
l'horloge ne fait aucun bruit.
Ce soir nous serons à la mer…

Comme une ombre claire

La nuit tout le monde s'en va,
mais personne ne sait
pourquoi les ombres dans le noir
continuent de sourire…

Le fleuve là-bas lentement,
silencieusement
roule à la mer ses eaux dormantes,
et dans votre sommeil
comme un enfant s'enchante...

Et comme un rire inattendu
fuse au petit matin,
dans la lumière comme un éclair
virginal et lustral ...

C'est le monde recommencé,
au rivage premier,
c'est la joie comme délivrée -
c'est la bêtise exquise
de l'enfant soudain retrouvé...

Notre secret

T'as quelque chose à me dire :

je t'entends bien.

J'veux dire : je m'entends bien avec toi,

et je m'entends mieux avec moi quand t'es là.

Partout où je te trouve sur mon chemin,

je m'retrouve en même temps.

J'sais pas pourquoi mais c'est comme ça:

même quand y a pas de lumière y en a quand t'es là.

D'ailleurs c'est normal vu que ton prénom veut dire ça.

et que c'est pour ça que tes yeux m'éclairent.

et que ce que je regarde avec tes yeux

me paraît plus lumineux.

Mais là je sens que t'as quelque chose à me dire,

ici et maintenant,

et ça aussi c'est normal,

vu que moi aussi…

Le chemin sur la mer

> *« La mer n'est jamais loin de moi,*
> *Et toujours familière, tendre,*
> *Même au fond des plus sombres bois*
> *À deux pas elle sait m'attendre. »*
> (*Jules Supervielle,* La mer proche)

Lumière du présent

« Tu comprends à présent

que la lumière venait de là»...

(Jean-Pierre Lemaire, Les marges du jour*)*

On ne marche pas sur les œufs:

on y danse, les yeux

fermés, le cœur à la romance

et fredonnant des airs

légers comme les jeux appris

dans cette ancienne vie

que restera toujours l'enfance...

On ne marchera pas au pas:

on dansera plutôt

en bandes déliées

au gré de flûtes enchantées,

le long des avenues

ou par les hauts où des oiseaux

voltigent en nuées

ou relancent les envolées

de nos élans adolescents...

On passe le temps à jouer:

on parle quand on dort,

on rappelle à souper nos morts

là-bas, les yeux ouverts

sur les quais des ports éphémères

où le temps les a déposés

sans effort apparent,

ni mesurer jamais ses heures

à jouer dans les vents

aux douces senteurs éventées

des roses du présent ...

Clairière de l'Être

Un être exquis m'attend là-bas,
par delà la rivière
de la rue bientôt oubliée -
par delà le trépas...

Sa façon de sourire inouïe,
son béret sur l'oreille,
le regard de ma douce amie -
sa présence au sommeil...

Toutes ces vies en un regard,
cet être inaccessible,
cette autre façon de paraître -
que sais-tu de ce que j'ignore ?
Sous la patience des étoiles,
la nuit quand tu souris
comme une voile se déploie
en gage d'infini...

Mais ces mots encore sont de trop:
l'Exquis reste indicible.
Veillons humbles devant les eaux,
tout ardents et paisibles...

Veilleurs à l'éveil

Tout est dents à la gueule ouverte
de la nuit de la ville
où rodent de méchantes gens,
et des ombres fragiles…

Mais c'est au bar, là-bas,
que j'attends mes alliés ailés,
là-bas à l'écart, levés,
le front clair et l'esprit léger…

Nous sommes enfants de la fête,
fredonne Ariel, ami
lumineux comme une comète
et son regard sourit...

Au jour dit, le présent accueille
les joyeux étourdis
que nous sommes en poésie,
comme l'eau qu'on recueille...

Ce fut ainsi notre chance...

Nous parlions la langue des dieux,
enfin comme, tout comme,
mais comment le dire un peu mieux:
comme un léger murmure
entre les ondes et les lieux
importants de l'errance;
nous étions toute danse ensemble
par delà les ramures
et les observances du temps -
nous passion tous les murs...

Nous n'étions pas tout à fait là,
ni vraiment décidés
à nous attarder sous le vent
qui nous portait ailleurs
qu'aux refuges des certitudes;
nous poursuivions
l'étude
en tendre comité
de ce grand langage oublié
aux formules transmises
par les sentiments messagers...

Tu me parles et je te comprends:

c'était miraculeux
de t'entendre ainsi murmurer
sans aucune intention,
juste pour la simple raison
qu'ensemble nous étions
plus légers à ce qu'il semblait -
nous nous étions trouvés
comme ça, et pas autrement...

Les mots « jamais » et « toujours »

On répète des mots d'amour
sans savoir ce qu'ils disent.
Les mots ne seront-ils toujours
qu'idées imprécises ?
On ne sait pas, et va savoir
si ce n'est pas mieux comme ça ?
On se parle, et parfois une voix
résonne par hasard...
On a lancé le mot hasard !
On se retient de croire
à la magie de tout cela ;
on se refait la belle
dans l'ombre essaimée de Babel...

Amour, je ne sais que te dire
plus qu'au présent passé,
mais tu es là et tu respires
« toujours » et « à jamais »...

Dolce cantabile

Parfois je cessais de chanter,
au point de l'inquiéter
elle, toute fragile,
que mon bel canto ravissait
jusques aux airs débiles
que pour elle j'improvisais,
tout à coup me voyait
triste devant la vérité...

Le trou noir ne s'explique que
par les calculs savants
de savants restés ignorants
en matière d'opéra...

Or c'était cet obscur abîme
qui me paralysait
au dam de toute loi,
sans qu'aucune autre explication
ne nous fût accordée...

Ceux qui ont mal sont seuls au monde ,
et soudain la déprime
s'est coulée avec la douleur
en toi autant qu'en elle,
au point de vous couper les ailes...

Mais tu le sais de source sûre
et pour elle si pure,
cela seul adviendra:
que le chant vous délivrera...

Une maison, je pense...

Ils étaient toute leur maison,
dedans tant que dehors:
ils habitaient ce Temps marqué
de la plus songeuse intention...

Comme posée sur le gazon,
elle était enfoncée
telle l'arbre aux bras écartés
dans la terre profonde...

Apparue comme en innocence
aux lendemains de guerre,
elle les attendait,
pure et tranquille question...

Les modestes ont de ces idées :
lubies d'appartenance
ou délires avérés.
Une maison: je danse !

Mais le temps l'écoutera-t-il
comme ils l'ont habitée ?
Les arbres chassés de la ville
se rappelleront-ils les voix
de son âme fertile ?

Aux yeux levés

C'est ici le ciel de l'esprit:
on se penche au balcon,
on rit de toute sa pensée,
on n'entend plus le bruit -
on n'est plus que contemplation…

Le rossignol là-bas module
au berceau de la nuit
où des ombres en armes
fomentent de sombres complots;
et dans l'eau du miroir
tu baisses le regard...

Nous serions capables du ciel,
clamaient-ils crânement
sans ignorer en eux le fiel,
le poids de ce ressentiment,
le mal courant dans les allées
des années difficiles -
le ciel seul sait l'âme fragile…

Enfin relevez donc les yeux
et voyez ce qui est:
tout cela vous serait donné
dans la lumière blonde -
le ciel et l'illusion féconde...

Le vent, la lumière et le temps

> *« Il nous a connus tous et nous a tous aimés ».*
>
> *(Rimbaud,* Les illuminations*)*

Le vent vous avait décoiffés
les deux en même temps,
ta mèche folle d'un côté
de l'autre ce sourire
qui lui venait on ne sait d'où,
naturel et très doux…

Vous étiez à Paris,
rien que les deux à Sienne,
le lendemain à Vienne
enfin partout où vont les dieux
entre Balbec et Cracovie…

Et j'aimais te voir travailler
le front penché sur ton ouvrage,
border les enfants, les éveiller,
apprivoiser l'orage
entre tant d'amabilités...

Vos débuts de petits amants
resteront comme un livre

qu' on ouvre sans douter de rien,
et qui lit en vous un chemin
tracé par des mots qui délivrent...

Un jour les objets seront seuls
mais là -bas une voix
comme en écho rappellera
ce que vous disiez aux enfants:
laissez le vent vous décoiffer...

Ne parlons pas de la guerre...

«Ce soir
Aucun semblable
Ne se ressemble plus».
(*Quentin Mouron*, La haine des Oiseaux)

Ils font semblant de faire semblant
et cet eux, ce sont nous:
il n'y a plus d'île qui fasse,
les confins effondrés
vous ont rejetés dans les nasses
de ce vivre-ensemble factice
dont vous vous repaissez...

Le prix de l'eau va remonter,
ou la nuit régnera
sur la ville assiégée de partout;
tu ouvriras les bras
où se jetteront des zombies;
tu te feras l'amour,
et les momies de la télé
mordront à tes appâts...

Tout est lié, jolie pianiste:
tes doigts sur le clavier
du lanceur d'élégants missiles
donnent aux imbéciles
le droit de t'aduler à mort -
tu diras protester,
mais les violents l'emporteront...

Jouets des dieux

Ceux qui s'aiment sont des enfants:
cela s'entend la nuit
dans le silence et l'innocence,
par-dessus tout instant,
sur l'île là-haut qui dérive
lentement au fond des cieux...

Le ciel est descendu en eux
dans le reflet de l'eau
qui les revigore au matin,
et ce serait toujours,
tous les jours le même matin
revenu par amour
les coiffer de cette lumière -
tous les jours éphémères...

Ils ne sont là que pour jouer
à se prendre au sérieux:
on n'est enfant rien qu'un moment,
et l'ombre reprendra sa ronde,
ils le savent pourtant,
les enfants aux têtes blondes
que le jeu même veut
qu'on rende aux dieux leurs beaux jouets ...

Intermittences de l'âme

L'âme est un jardin solitaire
où l'on est tout le temps ;
le vent emporte les feuillets
là-bas dans les allées
d'un journal secret qu'on tenait -
et c'est sans importance…

Ce qui importe est le seul cœur
qui bat Dieu sait pourquoi:
on aime beaucoup sans raison,
on aime même sa passion
quand on n'a que vingt ans…

Ta voix m'est restée et tes gestes,
ta façon de plisser les yeux
lorsque tu souriais...

Il n'y avait vraiment que toi
qui me fasse aller mieux
quand tout paraissait déchanter -
mais tu n'est pas restée...

Je note tout cela pour rien
ou pour que tu reviennes;

souviens-toi du Campo de Sienne
où nous étions les deux
dans la lumière orange,
nous nous étions dit quelque chose -
ce que disent les anges...

Souviens-toi du parfum de rose
de l'aube s'attardant
dans les jardins de Vienne -
restons dans la beauté des choses ...

Esseulement de l'aube

La solitude se fait lourde
quand tu reviens à toi,
sans personne, lanterne sourde
dans la nuit qui ne finit pas…

Ton ombre même s'est perdue,
que tu cherches à tâtons
dans le dédale absent des rues
où le ciel, au tréfonds
de l'impasse du temps qui passe
s'enfuit et se dilue…

Ces mots te semblent une idiotie
inutile, incongrue :
les mots balbutiés et trahis
des moments éperdus…

Le silence en dira plus long
à l'aube qui soulève
d'un doigt le rideau de plomb
sur ce monde de rêve…

Mélancolie du rivage

Tu disais qu'on est peu de chose
dans ta robe de lin:
qu'il suffit de bénir les roses,
et par les bons chemins
faire le tour de ce grand jardin
que le matin la lumière inonde -
le monde, disais-tu,
ne parlons pas de l'immonde...

Nous passerons sans trace au ciel,
Disais-tu sans fiel,
tes colères étant terre à terre;
nous passerons comme rivières
légères et nécessaires,
filant leur eau de pure laine,
passant par les fontaines
ou paressant dans les étangs,
puis se coulant là-bas
dans les bras du grand océan
où bientôt tout s'en va...

Cette année-là, c'était la nuit,
nous y étions si bien,
à penser comme ça
sur le sable doux du rivage
que le bel âge est infini...

Le chemin sur la mer

«Qui sait, il se peut que la vie soit la mort,
et que la mort soit la vie » (Euripide)

Tu ne sais pas où ils s'en vont,
ou tu ferais semblant:
tu le saurais très bien, au fond,
mais faire l'ignorant
du lieu qui n'aura plus de nom
connu de leurs experts
du vivant juste vécu
comme la plus banale affaire
te semblait élégant...

Vous ne vous inquiéter
où vous êtes à présent -
mais ce mot-là ne convient pas
où vous êtes là-bas,
non plus que cette expression-là !
Vous n'y penserez même pas,
mais nous sommes ici
parfois moins vivants que vous autres,
à croire encore que vous pouvez
faire de nous l'un des vôtres...

L'invisible passage est lisible
au cœur de chacun d'eux:
d'un imperceptible coup d'aile
elles retrouvent ce lieu
dont le nom jamais prononcé
dans l'obscure lumière
seul fait de nous les passagers
du chemin sur la mer...

Aux îles revenues

(En mémoire de Jacques Brel)

Où les heures ont-elles donc passé,
où le passé va-t-il
quand la lumière va déclinant
là-bas derrière les îles ?
Aux Marquises cet hiver-là
tu vivais en chemise,
contemplant l'eau de l'au-delà
de la lagune exquise...

Tu souriais même aux murènes,
tu trouvais tout parfait,
sachant que rien ne durerait
des chansons de sirènes ...

J'avais seize ans quand je t'ai vu
si vivant sur la scène,
enflammant avec Amsterdam
mon désir de partance
aux ports d'où le grand tagadam
du train des jours s'élance...

Et ce matin tout me revient
de tes gestes de grand flandrin
qui te démantibule,
flottante étoile au ciel banal,
pantelant enfant à bascule,
ce soir de nos mémoires
au Théâtre municipal...

Jacques mon fataliste !
flambeau de ma révolte artiste
et défiant, au-delà des heures
le passé qui demeure...

Pas un minute à perdre

(Pour Jules Supervielle)

Je regarde le Temps passer

avec sa clope au bec,

il est hirsute et mal peigné,

il a l'air tout distrait;

se souvient-il d'où il venait

quand il est apparu

au premier jour du calendrier,

et sait-il distinguer

l'année chinoise du jour d'après ?

Pour le moment il passe

et se dépasse à l'avenant

au défi de l'impasse...

La durée est imprévisible:

on la dit capricieuse,

les enfants n'en voient pas la fin,

et quant au vieux Berbère

il n'y voit que du vent

dans le nuage du désert;

elle non plus ne saurait pas dire

ce que contient son sac à main:

elle pose pour un photographe,
elle agrafe son bas
à l'aile d'un oiseau passant
par ici ou par là -
elle n'en fait toujours qu'à sa guise
qui n'est que de durer...

Les heures tournent dans la cour
en attendant la chute
des secondes en fines averses,
et le temps que la durée verse
ses caresses légères
de lumière sur nos visages,
comme un âge a passé...

Maladives sporades

(Entre autres tautologies)

L'indolore est notre royaume
où nous soignons les soins:
nous sommes dûment outillés
pour nous servir d'outils
devant la douleur qui s'avance
masquée par la souffrance...

La maladie devient malade
de ne plus ressentir
que ce mal qu'elle ressent
en écoutant rouler le sang
qui s'écoule, roulant
dans l'arborescente cascade…

Prolonger la vie du patient
requiert toute la science
de la plus savante patience,
jouant les prolongations
de la partie qui se joue
afin de rallonger l'envie
en déni de sapience...

À la paix retrouvée

(Dans une salle d'attente)

On ne sait pas comment ça va:
on n'en est jamais sûr;
on croit parfois qu'un au-delà
de pieuse conjoncture
nous attend au bout du couloir,
mais les dieux assoiffés
qui murmurent entre eux
dans le silence bleu,
ne nous regardent pas...

Les journaux sont désaffectés,
les temples désertés
ont la mélancolie des gares
à jamais oubliées;
et les patients patientent
en longue foule numérotée,
où les voici contraints,
craignant un peu comme en enfance
la douleur qui s'avance
dans le miroir sans tain...

Je me sens léger dans tes bras,
retrouvant hors du temps

le bonheur d'être ton malade,
quand l'ennui de vivre était doux,
quand tu fredonnais des balades,
quand il n'y avait que nous,
le jour et la nuit embrassés
sous le regard des fées...

Passagers de l'émouvance

À mon ami Richard Dindo

On se fie à l'étoile.
On croit que l'ange à fait son job;
le fils est écouté par sa mère défunte,
et le père se tait en silence,
seul en sa complainte…

On dit qu'on ne sait rien alors qu'on distingue l'ortie du barbelé,
et le crépuscule de la rumeur des bambins dans la nursery,
ou les haïkus des gens stressés…

Je devine ce que je saurai
en revenant dans la forêt
de nos vieilles enfances
où tel jour je devins
ce que je devais être,
au conditionnel de la danse…

Ne me demandez pas où va la surdité
par excès de prudence,
ni ce qu'enferment les clés
de la malveillance…

Demain sur le tarmac
un vent de nulle part soufflera,
nous rappelant les hamacs
des villages japonais,
et l'échappée de ce voyage
dans le temps des visages…

Arborescence

Je croyais parfois être seul,
imbécile que j'étais
dans les déserts et les forêts ,
les océans mouvants
et les gares immobiles
aux parapets des grandes villes...

Je n'ai pas su vous accueillir
dans mes cases royales,
ni tenir mon rang de savant
au milieu des étoiles
quand vous vous teniez là,
simples à vos ouvrages divers,
à ne jamais me demander
qu'un regard éphémère...

Je m'incline enfin devant vous,
mes défunts, vos trésors
enfin me seront apparus
dans le muet effort
de vos visages et de vos livres,
et je repose en attendant
de le dire à mon tour
sous l'arbre à mémoire millénaire
dont les voix nous délivrent...

À mon dernier repas

(Comme le chantait l'Abbé Brel...)

Le virus ne me fait pas peur:
bien moins que les serpents
des discours médisants
ou que la pâleur des enfants
quand le tonnerre là-haut
roule sa houle en grondant,
ou que la foule en déraison
s'attroupe aux lieux de pendaisons...

Le virus et le tonus aiment
semer la confusion;
les Chinois, avec des aiguilles
plantées dans les étoiles,
ont attelé les maladies
à leurs vaisseaux à voiles,
et le Kâma-Sûtra
fait des Indiens chanter les corps
sans peur des lendemains...

À la gouvernance nouvelle
des Pharmas associés,
j'oppose les mirabelles,
les gestes tout désordonnés
des sauteurs de barrières,
les pensées rebelles et joueuses
et les libres menées
de la vie aventureuse
dont jamais on ne guérira
qu'à son dernier repas...

Sans issue

(À Benjamin, prénom Walter)

Les amis perdus se rappellent,
en parlant dans la cour
des prisonniers rebelles,
le souvenir des jours
incertains d'entre les guerres
où, dans l'effroi des veilles
ils affrontaient le blanc sommeil…

Là-bas entre les barbelés,
il voyait les lumières
du pays peut-être rêvé,
mais alors sous le ciel de plomb,
par le feu de l'éclair
il fut précipité
aux extrémités du calvaire,
et c'est à la frontière
qu'il l'auront trouvé crucifié …

Benjamin est un nom de Juif
à ne pas avouer,
mais Walter sonne bonnement
Allemand et fort,
comme les noms fiers de Wagner,
de Schiller ou d'Adolf Hitler .-
en toute ironie du sort…

On s'incline bas sur sa tombe,

on reconnaît son nom de Juif
à l'esprit libre et vif
éclairant d'autres catacombes…

Et là, tout au bout de sa rue
où ses amis sans voix se tuent
à ne pas l'oublier,
son sang s'écrie: sans issue...

Au jour le jour

(Contrerimes globalement positives)

Un jour se lève de bon aloi:
qu'un doux vivat l'accueille !
Que le chagrin chagrine au froid:
qu'on le mette au cercueil !

La diva réjouie au miroir
lance ses vocalises
aux amants des fonds de tiroirs
de ses psychanalyses !

Les plombiers sont tout soleilleux
aux chantiers des merveilles
émergés du sommeil des dieux
en leur simple appareil...

Le jour nouveau vêtu d'un rose
de matin matinal
est un poème tissé de prose
en sa grâce animale...

Ces rimes un peu mécaniques -
excusez l'ouvrier !
sont comme d'un briquet qu'on brique

avant de l'allumer…

Sur la terre et dedans les cieux,
le journal de ce jour
ne retient que le radieux
du monde en ses atours...

Hosties au mescal

Le soir Baudelaire en sarcasmes,
noir et gesticulant
conseillait d'écraser la misère,
exaltant le fantasme
des trop prudes propriétaires...

À cela Rimbaud, facétieux, ajoute:
plaignons les enfants en déroute
en leurs palais d'hiver
des quartiers effrayants;
plaignons les riches, oui plaignons les !
Assez de simagrées de triche
autour des villas désolées...

Se shootant à la mescaline,
Baudelaire flairant dans les fleurs
le miel des étamines
et du mal se riant des pleurs
sourit à Rimbaud le maraud -
et les enfants de chœur
en sont bientôt rassérénés...

Dans le temps

Quand le Vieux disait: dans le temps,
en regardant ailleurs,
avec cet air des innocents
pesant le cours des heures
sur leurs invisibles balances,
vous restiez là-bas immobiles,
la main comme en suspens
au-dessus des eaux et des îles,
et le Vieux se taisait,
vous sachant ignorants…

Vous pensez à lui tout le temps:
gisant après les heures
imparties aux légers passants
de la vie en demeure,
le Vieux semblait avoir grandi
et la Vieille en coiffant
ses cheveux fins et tout blanchis,
nous sachant ignorants,
se taisait comme dans le temps…

Tu as la grâce de ceux qui savent
que savoir ne retient
sur la rive des ignorants
que ceux qui prétendent savoir,
quand la musique ici revient
te dire qui tu es,
qui vous êtes et qui elles sont
par delà les tempêtes...

Aux miroirs de papier

Il est parti comme un voleur,
emportant les miroirs
aux parfums exhalés des fleurs
de nos jeunes mémoires...

Jamais il n'a aimé que soi,
forclos dans son orgueil,
n'écoutant que sa seule voix,
insensible aux écueils...

Son souvenir est sans lumière
de Narcisse édenté,
son cœur avide et solitaire
n'aura jamais saigné...

Cependant la tendresse pleure
les années difficiles
de nos belles et chères erreurs
d'aveugles juvéniles...

Et le temps aussi s'est enfui,
qui mieux que tout efface
l'ombre qu'il y a dans la nuit
du cœur faute de grâce...

Nous restons au milieu des papiers
menteurs et délicieux,
sages, ou follement égarés
à l'image des dieux ...

Élégie matinale

L'absence est une solitude
qui s'apprend lentement :
on ne gravit pas le silence
sans écouter le temps…

Les années vives ne sont plus,
murmurait l'esseulé
que la tristesse aura reclus
dans sa mélancolie…

Mais ce matin sa mélodie
te revient en douceur,
le silence au-delà du bruit,
vos battements de cœur…

Vous aimiez retrouver la mer,
vous vous taisiez alors,
et voici revenir l'aurore
de vos joies éphémères…

Au corps glorieux

(Pour Guido Ceronetti)

Le corps est fait de longs silences
et même quand il danse,
ou quand il dort en ville
ou dans les bois tranquilles,
aux lisières de la mort,
il en dit plus en se taisant,
ou faisant de ces choses
doucement érotiques
qu'en ses déclarations moroses
de crétin poétique ...

Le silence du corps est musique:
les prêtres l'ont oublié,
qui le vouent à la trique,
dédaignant la chanson
des malandrins aimés des fées,
et le viol des violons...

Le corps est le bel instrument
des dieux les plus obscurs
confiant à tous les vents
l'incestueux murmure
de la grâce alliée au gredin -
le corps étant l'urne solaire
des lunes solitaires...

À la camarde camarade

(Pour Lambert Schlechter)

Encore une heure à paresser:
merci la vie qui va
au dam de la dame édentée,
souriant piranha
au contestable face à face...

Un poète écrit qu'il l'encule,
ce qui n'est pas joli,
mais comment en vouloir aux émules
du fieffé malappris
faisant pièce à la garce ?
Enfin ces mots exagérés
fleurent bon la jeunesse
qu'ensuite, sans les renier
ni montrer de faiblesse,
on tournera plus à la farce...

Belle Madame alors daignez
voir nos bouquet de roses.
et que nos vers et que nos proses
vous fassent apprécier
de notre cinéma la grâce...

Au Temps retourné

Vous me trouverez chez vous tous les jours:
je suis votre obligé;
sans l'avoir même imaginé
je me suis trouvé là,
et la nuit vous me rejoindrez
sur le toit où l'on fume...

L'on vous dit partis en fumée
mais c'est une légende
à laquelle je n'ai jamais cru:
la Chine ancienne m'est présente
autant que le fol Hannibal
s'agitant dans la chapelle ardente,
et le sage Atalante,
et Léonard sur son cheval
ou Schubert en ses doux hivers
ou la Belle endormie
se retrouvant au fond des heures
où l'on parle en dormant...

Nous nous retournerons pour voir
vos lucioles à la nuit
venue ou dans le soir qui vient;
jamais vous n'avez égaré
la boussole étoilée,
et jamais ne se dira plus,
en ces lieux éclairés,
ce qui ne se dit pas...

Le temps imparti

« Tu te plains de la brièveté de la vie,
et tu te laisses voler la tienne » (Sénèque)

Le temps que vous avez passé
à le tuer naguère,
et jadis n'a pas oublié
ce retour en arrière,
vous laisse aujourd'hui dévasté...

Que s'est-il donc passé
à ne pas savourer les heures,
à ne pas s'étonner,
à vilipender cette peur
d'être là simplement
dans l'orbe de l'instant...

L'eau des miroirs évaporée
vous rappelle, un peu triste,
ce néant de mémoire
auquel vous aurez aspiré,
mais les regrets affluent,
rien n'est jamais vraiment perdu;
faute d'être innocents
vous le savez sans le savoir,
imprudents et perdus :
le temps sur le tard vous attend...

Comme si c'était un jeu...

« La mort viendra et elle aura tes yeux » (Cesare Pavese)

On dirait que les dieux se vengent,
on n'en sait rien, ma foi:
faudrait le demander aux anges,
qu'ils nous disent le pourquoi
la raison soudain du silence,
ce vide et plus personne
à la fenêtre, au téléphone,
plus d'écho qui résonne,
plus de quoi relancer la danse...

Mais ces larmes me font bien rire,
enfin: quelle anicroche !
Nous avions encore des reproches,
imbéciles de vivants,
des arguments à balancer
des motifs de pardon:
votre Honneur j'étais un peu ivre,
ou c'était toi, ou c'était vous -
on ne se souvient pas, les cons,
de ces mots qui délivrent...

D'ailleurs les dieux aussi ont tort,
et les anges déçus

par la vendange survenant
parfois avant le temps venu
ont l'air de regarder le vent...
Alors comment réparer ça ?
Ils disent que c'est la vie
comme leurs aïeux avant eux
l'auront seriné sans rien dire
ou pas mieux que: voilà...

Tâchons ainsi malgré les dieux
de ne pas nous éterniser,
comme si c'était pour de semblant,
comme si c'était un dernier jeu
pour ne pas trop peser,
au conditionnel des enfants...

Élégie aux clairières

Pour Philippe, alias Philip, alias Flop (1950-2021)

Tu t'en es donc allé comme ça,
sans autre préavis,
à ta façon de malappris
rêvant comme autant de fois
de te faire la belle
à ta façon de braconnier
traçant les hirondelles
ou relevant tes collets -
nous posant ce dernier lapin...

Toi qui t'inquiétais en ces jours
du sort de nos planètes,
et déplorais, mauvaise tête,
l'imbécillité à répète
des menées et discours ,
te voici reposant tranquille,
le cœur un peu moins lourd,
loin des clameurs de la ville,
à nous interroger...

Qui étais-tu frère inconnu
qui nous parle en silence ?
Quelle souffrance t'animait ?
Que veux-tu dire encore
que tu méditais en secret?
Reste donc encore quelque temps:
fumons-en une en lisière
au bar, là-bas donnant
sur la douce aura des clairières...

Limbes à l'avenant

(*Au regard des webcams*)

Ils s'enroulent comme des serpents,
la queue entre les dents;
elles sont comme eux qui sont comme elles:
on dirait des œufs blêmes
qui se couvent eux-mêmes…

Ils sont exhibés, transparents,
saturés de leur vide
tels des amibes aux abîmes,
elles marchent seules et se parlant
ils ne s'entendent plus se taire...

Ils s'enroulent en foule
indifférente et solitaire -
tristement souriants

Élégie intranquille

(Pour L. en nos mémoires)

L'inquiétude en sa chambre noire
se rappelle le soir
les heures d'ombre et de lumière
de tant d'années et de poussière
de nuits étoilées…

Vous vous entendez de concert
sans parler que des yeux
dans le précieux silence
du temps qui se souvient
des promesses réalisées
sans autre délivrance...

Rien n'est sûr que cette inquiétude
qui les tient éveillés,
rien ne dit que cet interlude
entre le tout et les riens
à la fin ne les résumait,
amoureux et sereins...

Des voix retrouvées

Ils ont toujours des lampes là-bas,
qui nous font signe,
des lueurs au lointain
du plus secret en nous
où les échos nombreux
de voix diffuses
ou de quels chants posthumes
s'appellent et se résument...

Au plus obscur de leurs replis
effacées par l'oubli,
la peur, les torts ou le remords;
ou dans le ciel sans nombre
de la nuit des écrits
où quelques mots scintillent
comme de fines braises,
à l'orée d'encre des forêts,
nous restons à veiller
dans la rumeur confuse
des cités assiégées
à l'écoute des voix perdues,
remontées de là-bas...

À d'autres départs

Tout simplement par les forêts
nous toucherons aux ports,
ou par les landes, ou par les blés
rêvant d'autres trésors...

De vos banlieues de béton gris,
vous voyez les lointains
où vous irez l'après-midi
nager dans le grand bain...

Ce sont les enfants de l'exil
venus d'un peu partout,
riches de leurs grands yeux dociles
et souriant aux coups...

Les vieux aussi ont fait la belle
par les années passées,
jusqu'au retour des caravelles
dans les ports dévastés...

Et demain nous repartirons,
sur les flots bleus et verts
du temps ouvert aux horizons
le cœur ardent et clair...

Béatitude du Malappris.

(Pour Gérard Joulié, alias Sylvoisal)

C'était un ange mal incarné,
parfois évanescent
comme un nuage indifférent
ou parfois consterné
par le monde comme il est fait...

Il était là sans le paraître,
il savourait les mirabelles
dans les vergers d'Ariel -
apparemment sans maître...

Cependant il n'était pas dupe
de la langueur du temps,
et savait par avant
ce qui mord au sang sous les jupes...

La chair est un leurre délicieux
dont seule la moitié
de son corps partagé
jouissait par l'épieu...

Le scorpion aux mille désirs
l'avait tenté jadis,
quand encore il n'était qu'un fils

de femme adorée du Vizir...

Cependant sa moitié candide
attendait le moment
d'apaiser les vagues tourments
de ses défis stupides...
Finalement, finalement
il aura rencontré
l'âme sœur dans un petit dé
lancé distraitement
par le Joueur bienveillant
qui s'amuse de nous voir
innocents le matin
devenir le soir démons noirs...

La vie est une ritournelle,
murmurait-il enfin,
à la fois soumis et rebelle
à son curieux destin...

On lira demain sur sa tombe:
ci-gît un Arlequin,
qu'il repose nu comme un nain
dans la paix des colombes...

À la vie à la mort

Elle surgit avec son poignard,
ses ongles jaillis du brouillard
des corps ensommeillés
sans crier gare: c'est un éclair
dans la nuit de la chair
que de ses dents noires elle fouaille
en souriant aux dieux...

Dieux naturels que je bénis,
je vous maudis parfois,
et vos sourires de culs bénits
au dam des innocents
enfants ou pieux grabataires;
semant la pierre ou le délire
des microns cellulaires,
vous reniez pour mieux séduire...

Car nous aimons cette salope
plus encore que souffrir
elle nous enveloppe à mourir
de son désir ardent
de maudire tout en adorant
la vie – mortellement...

Conversation nocturne

(Pour Gérard et Thierry)

Si tu vas à Rome le soir
de la rue aux jardins,
au café Greco ou plus tard
au Pincio où les âmes rôdent,
laisse aller ton ancien instinct
de sauvage et de fou,
d'animal entre chiens et loups,
et sans penser à mal
donne ton ombre à cet oubli
d'émeraude à reflets rouges
parmi les songes et les cris ,
les soupirs et les doux mensonges...

Là-bas la lumière demeure,
tu le sais bien: exquise
est la douleur amère et belle
de la Ville sempiternelle...

En un temps incertain

Le moment n'était pas venu
de nous dire au revoir,
le moment se tenait sur ce quai de hasard
où le temps attendait
quelque train de retard...

Or nous nous tenions là
doucement enlacés,
ne nous rappelant pas
cet autre moment-là
de grâce dans un bar,
il y avait tant d'années
et de temps espacés
ou par tel autre hasard
nous nous étions trouvés...

Quand tu m'as demandé,
l'air de rien, sur le quai ce soir-là
s'éloignant un instant
s'il était encore l'heure
de maintenant, ou tout à l'heure
où le moment viendrait ,
je n'ai su que te dire:
vivons, car nul ne sait...

Le corps à New Delhi

(Aux Indes volubiles)

Le corps serait tout autre chose
à s'écouter la nuit
au son du cor sans autre bruit
ou que des lèvres ou que des couilles
dans le confus des draps qu'on mouille
de pissat d'enfant noctambule
ou de quelque autre ressort
sous le tambour d'Hercule
enculant volontiers la mort...

Ou le corps de tous les délits
à peine imaginés
violent selon toute apparence
ou peut-être violé,
dans la morose indifférence
ou par l'ardeur des transes
en formes soudain transformées,
et processionnant, difformes,
en corps d'armées informes
dans les allées des asiles
où l'on relègue les débiles
aux yeux multiples des aguets,
aux ondes vibratiles,
aux langues volubiles,
dans l'âcre puanteur des corps
et autres effusions sensibles,
et encore et encore...

Aléas du problème

Le poème tout simplement,
prenant un mot pour l'autre,
enjambe les enjambements
et tout semblant de sentiment
des arlequins apôtres...

Le poème ne théorise
que bien-pensant aux prises
du sourcilleux poéticien
saillant le signifié
pour détailler le signifiant
en sa sapience spécieuse...

Ou le poème surgit à l'aube
tout embué de rêves,
et les mots sages ou très fous
le submergent sans trêve,
tout simplement, humbles et doux...

Au doux parler

Le style nouveau de la douceur,
le fameux dolce stil;
si dice: dolce stil nuovo,
rétablit la valeur
de la douce chanson des mots...

À l'insane jactance en cours,
au discours des chaos,
le style subtil au jour le jour
oppose l'harmonie
labile des oiseaux...

Tu es telle mon hirondelle,
dans le torrent des airs,
en joyeux tourbillons,
que les vers en ribambelles
à leur tour jailliront ...

Au fond du ciel est un mobile
secret et radieux,
dont la grâce efface la trace,
tout au plaisir présent
d'un murmure volubile...

De mémoire incertaine

À Venise nous étions trois
à nous tourner autour:
la solitude, l'amitié et l'amour…

Tu m'avais dit que tu m'attendais chez Florian,
mais il n'était pas dans l'annuaire,
et tu t'es moqué;
ou c'était plus tard, une autre année
quand je croyais encore à l'amitié,
et l'amour n'était pas chez Florian non plus -
qui m'attendait ailleurs...

La première fois j'étais venu seul,
il neigeait sur la lagune
et déjà tu me manquais
d'amitié ou d'amour, je ne sais -
on ne sait rien à Venise
quand l'eau monte dans la nuit nocturne;
j'étais seul et dans le miroir
l'ombre a failli m'emporter…

Une autre fois, aux Zattere,
quelqu'un me dit qu'il m'attendait,
qui peut-être m'aurait aimé,

mais là encore j'étais ailleurs...

Et après ? Où est celui que je serais
si nous nous étions attendus
sous le haut ciel de Tiepolo
où les eaux se diluent ?

Au vrai, seul reste enfin l'amour
aux amis qui se rappellent,
et le vieil Ezra, aux Zattere,
dans le temps infidèle,
depuis toujours regarde ailleurs...

Mélancolie

Quand paraîtront les corbeaux noirs,
ces oiseaux solennels
aux airs de curés militaires
tournant au bas du ciel,
aux frondaisons des arbres roses
du jardin de la maison close,
ami, dans un dernier sourire
je vous ferai la confidence
qu'entre toutes nos heures
de parlotes immenses
celles, passées à rire à gorges déliées
par nos plus allègres humeurs
me sont restées pareilles
à celles, cruelles et pures
de ces premières déconfitures
du cœur et de la bagatelle
qui, de nos larmes adolescentes,
glaciales et brûlantes,
nous ont comblé de leur saveur
à peu près immortelle...

Le tango de Ramona

L'avenir du tango
sera dans sa légende,
comme Alcibiade au temps passé
danse pour Salomé
dans les discos de Samarcande…

Carlos Gardel prend du recul
à chalouper demain
en son autobus argentin:
l'avenir est à ceux qui reculent
lisant Homère et Baudelaire
dans les allées du temps
où veillent les tombales
de Maupassant le rastaquouère..
La poésie n'est que cela:
c'est Ramona, là-bas
qui nous parlait de lendemains
à la courbe du fleuve vert
où pousse l'éphémère -
le Ramona passé
soit nos années qui dansent...

Rêverie en forêt

Le vieux flûtiste est mort :
on n'entendra plus dans les bois,
le temps de le pleurer,
les roulades de Rossignol…

La douleur oubliée
sous les arches d'un long silence,
par le temps qui s'en va,
nous fera retrouver l'enfant
d'une autre vie rêvée
dans ces années d'avant le temps,
quand nous n'y pensions pas…

Le souvenir en attendant
des jardins suspendus de Byzance,
par les chemins d'un infini perdu -
le souvenir nous reviendra…

Dans le bleu

De multiples récits
adviendront à n'en plus finir
d'étages en étages,
au nuancier de tous les bleus…

Là-bas dans ses grandes largeurs
au miroir de ses fosses
s'ouvre le lac de nos mémoires,
et le pic noir s'élance
entre les sourdes pulsations
d'un cœur qui ne dit pas
s'il est d'ici ou des ailleurs
ignorés des saisons…

Le jour se lève un peu partout,
et tout à coup quelqu'un s'en va…

Rondo à l'hirondelle

(À ma bonne amie)

Ma libellule aux os qui grincent,
ta douleur, tes gélules,
ont fait le bonheur de tes princes
ivres dans leurs cellules…

Tu règnes au four et au moulin,
jardinière à trousseaux,
au fourneaux et au clavecin;
tu te ris des ergots…

Tu auras beaucoup voyagé
de vergers en lointains,
charmante au milieu des pommiers,
posant des lapins
aux raseurs fats et aux poseurs -
n'accordant tes faveurs
qu'aux Arlequins...

Tu es jeune éternellement
dans ta vieille masure,
délivrée des tous les tourments,
souriante à jamais
au milieu des peintures
de ton cœur innocent…

Cordes au soir

L'indolente violoncelliste
reste songeuse à la corne du bois,
sans savoir que faire ni quoi dire
à ses amants désunis
par les allées diverses…

La mélodie reste la même,
se dit-elle en moderato
pour le blond Aurélien,
Roberto le noiraud,
Jim le rouquin, Jo le taquin,
Simon féru de fugues brèves
ou Lol préférant s'attarder -
mais la physique là-dedans,
la philosophie jardinière
et la sainte pratique ?

Il sied qu'elle y songe vraiment
ne craignant point l'insu,
se dit-elle en jouant l'ingénue
au conseil réuni des clairières.

Malicieux logiciens

Au vrai le mal imaginaire
faussement dénié
par certains experts achetés
et leurs commissionnaires,
ne s'était répandu de fait,
au dam des lois anciennes,
que par des ingénus
ne sachant rien des recettes…

Au lobby concerné
du palace aux drapeaux en berne,
certains des préposés
conseillèrent l'usage de clefs
aussitôt décrié
par ceux-là de l'autre partie
qu'on aura dite adverse,
mais sans autre preuve établie…

La certitude étant malade,
on ne la nourrit plus
que de maigres salades,
on la sevra de jus,
on lui mit des menottes
après lui avoir interdit
tout voyage au piano,
toute forme d'écrit,
au mépris de tout allegro…

Devant le Seul

(Pour Germinal Roaux)

Ce n'est pas une goutte de sang
sur la robe du soir,
ce n'est pas l'orbe d'un ciboire
à la marge du temps;
nul besoin de s'agenouiller:
suffit de faire silence
quand plus rien ne se voit que ça,
sans qu'on sache pourquoi,
ni quoi dire, ni comment
dans l'inexistence du vent -
ce que c'est n'a pas d'importance…

Bagages accompagnés

Les mots nous interrogent de leur seule présence.
Amour, demande Sylvia Plath.
Et les mots répondent:
« Amour, l'amour a réglé le rythme de ton cœur
comme une grosse montre d'or »…

Les mots donnent une forme
que déforme la valise:
visible / invisible...

Un affect a réglé l'horloge des sentiments.
Amour.
Valise des mots remplie les yeux fermés.
Pratique pour le voyage:
invisible / visible.

Ce mot qui ne se dira pas

On ne devrait le prononcer
que les yeux fermés,
sans penser à ce qu'il veut dire
ni vouloir de chair...

Ce mot à jamais impossible
ne sait se dévoiler
pas plus que l'enfant ne saurait
dénommer l'indicible...
Lorsque la musique a surgi
dans ta vie de mendiant,
tu t'es agenouillé
sans savoir rien ni rien vouloir...

Le nom de Dieu n'y est pour rien:
rien de ce qui se nomme
ne rend vraiment la somme
de cela qui sans lieu
rayonne absolument...

La tête ainsi vous tournera:
vous en deviendrez fou
comme devant l'enfant donné
par la vie à la vie...
Aussi ne le prononcez pas:
ne faites que le vivre
comme le rêve d'un enfant ivre
de n'être rien que là...

Mémoire de la rose

Lièvre fuyant, douce mémoire
qui s'esquive là-bas
entre les heures écoulées,
passe le mot encore
qui rappelle le nom des roses
je dirai : baccara -
la rose à l'éclat de diva…

Ne pas oublier les bouquets
quand finit l'opéra,
aussi rappelle-toi le nom
du parfum des allées
aux jardins de nos rendez-vous
d'étudiants en amour -
le rose aux pétales glamour
est une mélodie,
et dans le falbala final
des salutations,
lance les noms des couturiers:
tous les noms déhanchés
des mémorable défilés…

A la fin de sa vie ma douce
cherchait, dans le silence,

les mots éparpillés,
et les noms attachés aux danses;
elle se rappelle: Isadora !
et le théâtre, à l'infini,
au seul grand nom de Nijinsky,
ressuscite la transe...

Les sentiers bleus des soirs d'été
vont s'estompant un peu,
après tant d'années écoulées
comme aux épaules des collines
les ruisseaux argentés -
brassée de roses blanches
aux soirées douces et divines
où les dieux se déhanchent
les yeux perdus aux origines...

Also sprach Hölderlin

Le tumulte et le sang des fleuves...
Ton jeune corps lancé
au rebond souple des gazelles,
pur esprit du ressort
qui donne à ton seul mouvement
la grâce de l'animal…

Ne te retourne pas !
La félicité la plus haute
que l'Unité résume
découle aussi du bond
d'un premier chant de solitude
élancé vers le ciel
et ses échos en multitudes
où le temps et l'espace
se fondent en incertitude…

Ne sois plus sûr de rien !
Le vieux poète un peu foldingue
en sa dernière tour
s'exalte et se griffe au sang vif:
l'Apollon de Tubingue
parle en langue comme un prophète,
ou la donnant au chat
paraissant d'une folle fête
faute d'être écoutée…

C'est un grand langage oublié
qui ressurgit parfois,
en bribes ou en éclats d'éclairs -
Écoute mieux en toi !

Paroles du ciel

(À ce qui demeure)

Au plafond de notre cercueil,
avec toi dans mes bras,
je veux qu'il y ait des étoiles,
et ce serait comme ça
que, tous deux encore à la voile,
nous passerions les seuils...

Le ciel nous aura contenus:
nous nous le rappelons,
et bien avant notre venue,
connaissant notre nom,
il savait qu'il nous parlerait,
et que les yeux levés,
notre joie ferait notre deuil...

La musique la nuit venant
se passera de mots:
les yeux fermés je te revois
dans l'orbe des journées,
et les heures bientôt passées
ailleurs , ou tout demeure...

De si tendres regrets

Nous aimons voir le ciel, le soir,
aux élans dramatiques,
quand les amants sur les écrans
cinématographiques,
se la jouent James et Nathalie:
elle tout Ophélie
et lui Roméo de ruisseau…

Nous aimons rêver à voix haute
au lever des rideaux,
quand nos héros des dieux les hôtes
nous accueillent là-bas,
dans l'au-delà de nos bureaux
au vivant Opéra…

Nous avons aimé l'embellie
ici et là, parfois,
que nous avons imaginée,
et que nous revivons,
les yeux sur les écrans
de la mélancolie…

Par delà le chien

Là-bas l'avion replie ses ailes
et rebondit ici
au milieu de nos étincelles,
au grand dam des assis…

Depuis la nuit des temps déjà,
nos ailes de papier
portent nos voix vers l'au-delà
où tout va s'éclairer…

C'est sûr: je n'hallucine pas:
c'est écrit dans le sang
et décrit par le vent le temps
que la chair se libère…

Dans son orbe je vois le chien
parfait en sa figure
de pensée ne pensant à rien -
immanent absolu …

Mais toi, mon amour disparu,
que pourrais-tu me dire,
des ailes ou du jamais perçu
au fil de mon délire?
Ainsi les mots en dieux obscurs,
comme de vieux enfants,
font-ils de nous des créatures
du numineux vivant …

Art poétique

(À l'écolier de Charleville)

Le plus simple et le plus limpide
sera notre façon:
à la manière du jeune Ovide
promenant sur les choses
son regard à métamorphoses,
nous serons juste bons,
comme autant d'ahuris sublimes,
par le jour bel et blond,
à chantonner nos contrerimes…

Les clichés des anciens poèmes
nous vont comme des oripeaux
de théâtre joyeux:
de tout bois nous ferons un feu
de mots à belles flammes -
nous oserons l'effet soyeux
du précieux Baudelaire,
séduisant les âmes rebelles -
à jamais couturières…

Quant au vers libre il est tenu
à laisse très légère,
il est souple, il est ingénu,
il a du vent dans les semelles
et s'accommode du sonnet
ou de la ritournelle -
dès le latin très pur d'Arthur,
au génie le plus sûr…

Ovale de nos visages

Je me rappelle ton ovale :
tout ovale est parfait
qui s'inscrit dans toute mémoire,
de l'enfant au rebond
de la plus idéale balle…

Ton visage sur l'oreiller
au repli du secret
se déplie en multiples formes
qui se lient et délient
l'informe de tous les dénis…

Les mots recueillis dans l'ovale
sont autant de visages
apaisés après les orages
et les matins ressuscités
en la vallée sans âge…

Comme un temps accordé

Dans le grand sommeil idéal,
vaste désert ardent
des mille millions de feux d'aval
sur le fond noir du Temps,
nous nous retrouverons…

Nous avons pour nous la patience
des anciens pèlerins
se laissant porter par l'errance,
et sur ces lents chemins,
nous nous retrouverons…

Ton visage prend la lumière,
rayonnant à l'ivoire
de mon rêve ouvert en clairière
au tréfonds des mémoires…

Nous nous retrouvons en silence,
au seuil du doux parler
que nous inspire l'innocence
sous le ciel accordé…

À l'envers des clichés

La rumeur de la mer, la nuit,
sur les draps de l'amour
et les corps à peine dépris -
viendra le lent retour
de ce qui jamais ne finit -
quoique jamais: cause toujours…

Tant d'images et de beaux mensonges,
les mots de la passion :
filles de feu, fleurs de nos âmes
que trois fois rien enflamme -
ô tendre dérision!

Quant à nos moments préférés,
les mots restent à couvert,
discrets, blottis au doux revers
de nos nudités enlacées -
nos langues déliées…

Silence de la neige

Sans te rappeler la douleur
oubliée sous la neige
au long du lent cortège
des heures et des jours,
soudain comme une main ,
invisible, brève et cruelle,
lève le voile et te révèle,
à te figer le sang,
cela simplement qui t'attend...

La neige étrange et familière ,
comme une main apaise
l'enfance partout au sommeil;
ou te prend à la gorge
- la neige ambiguë de l'éveil,
dont la blancheur trompeuse
suinte d'humeurs odieuses...

La neige à la douce présence,
la neige au canon blanc
de l'arme prête à décharger
l'innocence du poids du monde,
la neige pure de l'immonde,
la neige à genoux de la vieille,

la neige boule en joie,
la neige tout ensanglantée,
enfin dévisagée,
la neige comme aux abois des villes
et là-bas dans l'absence:
la neige rendue au silence…

Une affaire de cœur

Je m'en irai le cœur tranquille,
sans le moindre regret;
quelque part, au-delà des villes,
à vrai dire je ne sais
ni quand ni comment ni pourquoi,
à l'orée de quel bois,
au fil de neige de quelle arête -
je n'en ai pas la moindre idée
et ce sera comme ça -
ce sera tout à fait parfait…

La vie se retirait de toi:
tout était annoncé
comme sur du papier de concert:
le menu du cancer:
droit au cœur sans l'avoir cherché:
le couperet sans jugement;
la vie est donc cette mixture
amère et savoureuse,
nous la buvons en coupe claire -
chère vie odieuse…

Chevauchant à présent le tigre
de l'instant délivré

je me sais désormais si libre

de te laisser parler

que ton cœur en moi tout battant

comme en fusion s'enivre

d'un chant entre nous retrouvé...

Conseils de l'arbre

J'aspire à tout ce beau désordre,
me disait l'arbre en rêve
et sur sa large main ouverte
je lisais la brève sentence
de nos années enfuies -
l'arbre nous aurait bientôt oubliés...

Ta sève n'était qu'impatience,
a murmuré le vent
à l'écoute de cet instant
de pure adolescence
où soudain l'animal jaillit,
et le cheval hennit -
on eût dit que tremblait le temps...

Les mots étaient insuffisants:
le mot seul de racine,
ou le verbe de revenir
vers l'arbre ou vers le vent;
revenir au défi du temps:
le désordre de l'arbre
me suggérait la permanence -
revenir au silence...

L'enfant aux abeilles

(Pour Elizabeth, fêtant aujourd'hui sa première année)

L'enfant a déchiré le voile:
il y eut comme un cri,
comme un sursaut dans les étoiles
au ciel tout éjoui…

Cette enfant dès son premier pleur
de peur et de tracas
fit reculer en son horreur
le monde immonde qu'il y a là -
sans le vouloir absolument …

L'enfant d'un an au premier pas,
lamentable trébuche
sur une bûche imaginaire -
la fantaisie en elle
est une ruche pleine d'abeilles
versant l'or à la cruche…

(Ce 26 janvier 2023)

Au nom du mot trahi

Un lac gelé sous un ciel bas,
comme un complot de murs,
le Temps cloué dans les gravats -
que des mots qui rassurent…

Ce que veut dire le mot parler,
le couteau sous la gorge
ne peut s'exprimer sous l'horloge
qu'on a décapitée -
et parler alors devient cri…

Quand soumis à l'oubli,
quand ne rien faire ici,
sous le ciel emmuré
ajouterait au mal de haine
et au mal de mépris,
quand plier et ramper
ne serait plus dans les gravats
qu'une voix sans aval…

Que chaque mot soit une alarme,
chaque idée une fée
qui dissipe le charme,
chaque image comme un renfort
du déni opposé
au sourire putain de la mort...

Sans dire pourquoi

Pourquoi les amis se séparent,
pourquoi les amants de la nuit
se font un dernier rempart
alors que tout finit -
pourquoi m'as-tu laissé là-bas
m'écarter de ta vie…

Pourquoi nos voix en amitié
semblaient dire l'amour,
pourquoi nos corps livrés
dans leur intense nudité
paraissaient allégés -
pourquoi m'as-tu laissée là-bas
dans le froid de l'oubli…

Pourquoi la vie parfois éloigne
les amis sans raison,
pourquoi l'amour n'aura duré
qu'une seule saison -
pourquoi nous voilà retrouvés
dans la mélancolie…

À la plus douce déraison

J'entends les cloches des forêts
les dimanches de brise,
j'entends les voix des innocents
au lointain des églises
où nous attendions encore nus,
en notre ardeur émue,
les beautés supposées de l'île
au Trésor indicible…

Notre mal venait de lointains
ou d'autres barbaries
suaves amantes aux soupirs,
ardents et séducteurs,
nous soumettaient à tout désir
du joueur de violon
au très doux sourire de vampire…

Le froid au cœur de la passion
n'est aveugle la nuit
que dans la fièvre des taillis
d'où soudain nous arrache,
adolescents perdus,
le rire de l'ancien enfant
cloué nu sur son Arche…

Ou ce serait le doux sourire,

familier des clairières

qui nous rendrait à la lumière

indécise des jours,

au recours sans discours des mères

aux saisons enfin délivrées

de la seule Raison...

Au chant du monde

Soudain ta voix s'est aggravée
se dit l'enfant perdu
comme égaré, comme étranger,
comme chassé de soi
ou devenu son propre double,
à l'angle de ce froid,
et comme livré à ce trouble
de son corps aux abois…

La voix de cristal de Mozart
se brise au pied d'un mur,
et l'on devrait pleurer,
conclure à la mort du poète,
à la chute de l'ange,
et l'enfant en lui le déplore,
mais en lui cette voix périe
se fera nostalgie…

La voix des mères en nous demeure
songe la mélodie
qui sourit de nos dires
et rirait bientôt de nos rires
au clavecin bien tempéré
de nos vies accordées -
est-ce Mozart qu'on assassine
quand l'enfance profonde,
en nous comme à regret s'incline -
ou le dépli du chant du monde ?

De nos pures chimères

Nous ne serons plus jamais seuls,
lui disent ses amis,
fumant en rond sur les cercueils
par delà le grand deuil -
ses amies comme des amis…

L'amitié chaste du matin
serait notre mesure,
entre anciens amants réunis,
amis de la douceur;
le temps se ferait guérisseur,
et le café, le pain beurré,
la chanson bien légère-,
le front pur des enfants qu'on baise
- tout cela qui apaise…

Les amies ont du rouge à lèvres
Atomic: érotique -
cela non plus ne serait plus
interdit aux amis
fumant là-bas au Paradis
des amants que l'élan soulève
autant que les amis chéris
à l'aube des chimères…

Et tête de bois...

(À ta douce folie)

La patience de la forêt
ne t'a jamais surpris:
enfant déjà tu l'écoutais
se plaindre des rapidités
agitées et fébriles
des passants pressés
de la ville -
mais tu n'en avais qu'à la fête !

Investir est une habileté:
il y faut tout un flair,
des chaussures appropriées,
possiblement pointues
et des ongles parfaits,
telle étant la visée de nos employés,
et tu devrais signer
le récité du formulaire -
mais tu n'en feras qu' a ta tête!

La règle et la réquisition
évaluent les valeurs
et toute inadmissible erreur
se dénonce dûment,
de même à tout incompatible
renonce incontinent
conformément au sacrement -
mais tu tournes tout à la bête...

Comme une autre peur

(Entre autres cas de conscience)

Je sais que j'ai blessé quelqu'un,
dit la voix oubliée,
la voix du dedans, dédaignée,
la voix parlant au fond de tous,
la voix de tout effroi
qui soudain se rappelle -
mais de quel déni parle-t-elle ?

De quel désert, de quel présent,
de quelle autre présence
dont on oublie la nudité,
de quel oubli perdu
dans le vertige des années,
de quelle confuse vanité
de quelle vérité
mystérieusement blessée?

Un visage en pleurs quelque part,
au lieu de quel outrage ,
un visage en toi qui déplore
tu ne sais quel ravage
un regard au tréfonds du froid
de ton coeur accablé
par tu ne sais quelle autre peur ...

La mer en son absence

La mer en sa tranquillité
au bord des soirs d'été
où nous étions à ne rien faire,
la mer nous écoutait nous taire…

Se taire était notre façon
en ces fins de journées
de nous parler de nos passions
tendrement partagées…

Tu me disais ne croire en rien
qu'en ces moments perdus
à ne faire qu'à nous aimer
devant l'immensité
lentement revenue
en allées et marées -
ainsi la mer nous parlait-elle…

Devant l'ancienne beauté

Je ne sais pas, ou le sacré,
oui c'est cela :
le sacre et les sacralités,
et tout le décorum ;
bien avant Rome: Pharaon,
ça c'est l'élégance en personne,
les dieux comme animés
en immobiles animaux
et sans rature aucune :
cette écriture à fleur de lune…

Ou bien avant la nudité
du sacre des rochers
quand parler de la main de sang
disait plus finement
que par l'orale éructation
le biseau du bison
et les fleurs de la bonne étoile
ou la Mère d'avant le temps –
la beauté de mémoire…

Quand à l'aube le jour se lève
sur le berceau d'oubli
où toutes les voix se mêlent ,
ne prenez garde qu'au surgi
du chant d'avant le Temps –
c'est là que gît le nombre d'or,
là qu'est la source vive,
là que la rive sacre
l'échappée de l'enfant qui dort…

Au passé qui se dévoile

(Aux aimés et mal aimés)
« Navegando el tiempo de mis ojos »... (Mario Martín Gijón)

Que vois-tu quand tu te retournes,
cavalier de mes heures passées
entre tant de demeures,
que cherches-tu à retrouver
là-bas dans les années
d'où les voix semblent t'appeler,
et qui te voit te retourner ?

Nous gravitons encore au large,
au gré des confidences
dans les vagues buées marines,
au-dessus du sillage
aux lèvres bientôt closes
toi ma chance de traversée,
ma brise de mémoire
et relancée au flux des soirs
ma constante surprise….

Nous nous retrouverons aux îles
là-bas des matinées
étales et tranquilles
chacun de vos prénoms enfin
devant l'onde nubile
se prononçant au jour
de l'insondable nouveauté…

Qu'au ciel cingle le cri

(En mémoire de Jacques Pajak)

Quant au ciel ce qu'il voulait dire
a fini dans le Cloud,
suffit d'être en réseau,
suffit de se proclamer proud,
suffit d'être un logo -
suffit de se croire infini…

Quelque part dans les océans ,
cependant on implore ,
il y a de l'enfant,
quelque part en l'île au trésor,
invisible aux écrans
- il y a de l'éléphant blanc…

Je serais comme un jaillissant ,
l'utopie est sans lieu,
disent les gardiens des fuseaux,
mais un ailleurs est résistant
qui échappe à vos leurres…

À l'impassible divin

La vie t'arrachera les yeux :
on dira: c'est la vie,
on le dira et tu n'auras
pour te pleurer là-bas
que les yeux de tes vieux amis…

Quant au ciel, quand il vous regarde
du lointain univers
c'est sans yeux non plus qu'il s'attarde
à vous rêver ouverts
à sa seul splendide mégarde…

La Beauté pure vous est donnée
dès qu'à la nuit marine
on vous arrache aux yeux fermés
du ciel tout constellé
que l'enfant physicien décrit -
et la biologie
qui jamais non plus ne s'oublie
dans ce qu'on dit la vie…

Au moment de te dire adieu,
toi dont les yeux m'ont déjà fui,
là-bas au grand jardin
où le temps ne se compte plus -
c'est là-bas que tout grand ouverts,
à jamais entendus,
nous accueillerons l'univers…

D'un sursaut tu t'arraches...

Tu pressentais la voile ailleurs,
tu t'impatientais,
tu te reprochais ta lenteur
à braver les aguets
où se décomptent les faux pas ,
où se mesurent les pensers...

Toi seul pourtant déciderait
de détacher l'amarre
te bridant aux sécurités -
toi désobéissant
à ces conformités,
ces relents d'insipidité,
ces prudences rampantes...

La surveillance est absolue
chez les assis rassis
désormais voués aux écrans,
plus un accroc dans la trame,
plus aucun droit au drame -
chacun devenu policier
de lui-même et de son voisin,
faisant pièce aux ardents...

Ce nouveau pays du sommeil
où l'assurance règne,
neutralise et gouverne,

à feu couvert vous tue,
te dis-tu devant cet abîme
où plus rien ne remue,
et d'un coup alors tu t'arraches,
adolescent bravache
à ce monde uniformisé ,
ennuyeux et parfait...

Ni les mots pour le dire

Nous ne savons pas le savoir,
ni ne désespérons,
nous ne sommes que visiteurs,
amateurs de chansons
et voyant au gré des couleurs
ce qui du ciel demeure…

Nous demeurons les yeux ouverts:
comme aux oiseaux passant
nous ne savons que demander,
nous sommes envoyés
d'on ne sait où ni quel poème
saurait jamais le dire…

Vous nous écouterez le soir
quand le jour aux ailleurs
flamboie dans l'ultime lenteur
qui va se fondre dans le noir
où l'ange en vous demeure -
et le dire ne se dira pas...

Que votre joie demeure

Pour Marie-Claire et Bona

Nous sommes vraiment désolés,
disaient-ils aux forêts,
nous ne distinguons plus les beautés
de la canopée
les reflets dans le ciel
des semis stellaires du sous-bois,
et les splendeurs de la clairière
des secrets autrefois…

Nous sommes un peu fatigués:
n'en voulez-pas à nos élans
refoulés par la vague
de la liesse printanière -
que l'esprit de la terre relance
ainsi dans la foulée
toute cavalerie de l'antique ressort -
pour nous faites pièce à la mort…

Nous serons comme des lucioles,
dans vos prochaines veilles
à l'orée des grands bois
où survivent les oubliés,
et puissiez-vous entendre
de nos voix le murmure -
puissent nos mots vous apaiser…

Du même auteur...

Ô terrible, terrible jeunesse, cœur vide ! Récit. Lausanne : L'Âge d'Homme, 1973.

Le Pain de coucou. Récit. Lausanne : L'Âge d'Homme, 1983 Collection Poche suisse, 1990 Prix Schiller 1983

Richard Aeschlimann, Dédale de l'angoisse. Essai. Lausanne : L'Âge d'Homme, 1985

Personne déplacée. Entretiens avec Vladimir Dimitrijevic. Lausanne : Pierre-Marcel Favre, 1986 Montréal : Guérin Littérature, 1987 Collection poche suisse, 2008

Le Cœur vert. Récit. Lausanne : L'Âge d'Homme, 1993

Par les temps qui courent. Récit. Yvonand : Bernard Campiche Éditeur, 1995 Nantes : Editions du Passeur, 1996 Prix Edouard-Rod 1996

La Passion de transmettre. Entretiens avec Alfred Berchtold. Lausanne : La Bibliothèque des Arts, 1997

Le Viol de l'ange. Roman. Yvonand : Bernard Campiche Éditeur, 1997

Le Paladin des Lettres. Entretiens avec Pierre-Olivier Walzer. Lausanne : La Bibliothèque des Arts, 1999

Le Sablier des étoiles. Fugues helvètes. Orbe : Bernard Campiche Éditeur, 1999

L'Ambassade du papillon. Carnets 1993-1999. Orbe : Bernard Campiche Éditeur, 2000 Prix Bibliothèque Pour Tous, 2001

Le Maître des couleurs. Nouvelles. Orbe : Bernard Campiche Editeur, 2001

Les Passions partagées, Lecture du monde (1973-1992). Orbe : Bernard Campiche Editeur, 2004 Prix Baul Budry, 2005

Les Bonnes Dames. Roman. Orbe : Bernard Campiche Editeur, 2006

Impressions d'un Lecteur à Lausanne. Essai. Orbe : Campiche, 2007

Ceux qui songent avant l'aube. Listes. Publie.Net, 2008.

Riches Heures. Blog-notes 2005-2008. Lausanne : L'Âge d'Homme, coll. Poche suisse, 2009.

L'Enfant prodigue. Récit. Genève : Éditions d'autre part, 2011.

Chemins de traverse, Lectures du monde, 2000-2005. La Chaux-de-Fonds : Olivier Morattel éditeur, 2012.

L'Échappée libre, Lectures du monde 2008-2013. Lausanne : L'Âge d'Homme, 2014

La Fée Valse. Proses poétiques. Vevey : Éditions de L'Aire, 2017.

La Maison dans l'arbre, Poèmes des circonstances (1986-2018). Vevey : Le Cadratin, 2018.

Les Jardins suspendus, Lectures et rencontres 1968-2018. Paris : Pierre-Guillaume de Roux, 2018.

Nous sommes tous des zombies sympas. Libelle. Paris : Pierre-Guillaume de Roux, 2019.

Prends garde à la douceur des choses. Pensées. Vevey : Editions de L'Aire, 2023

www.ingramcontent.com/pod-product-compliance
Lightning Source LLC
Chambersburg PA
CBHW060524160726
47991CB00001B/167